江戸の芸者

近代女優の原像

kasaka Chiseki

a pilot of wisdom

目次

第Ⅲ章　踊子から芸者へ

第Ⅳ章　吉原の廓芸者 —— 133

図版作成・レイアウト／MOTHER

本文に掲載した史料・文献については、旧字体の漢字は適宜新字体に改め、ルビと句読点、送り仮名を補い、かな遣いは原則として原文通りとした。（　）は著者による註。また、今日の人権意識に照らして不適切な表現もあるが、原典の時代性に鑑み、原文通りとした。

プロローグ　江戸時代の女性芸能者

現代の日本人のほとんどは、江戸時代は女性芸能者がいなかったと思っている。しかし、それは間違いで、江戸時代も女性芸能者はいた。

例えば、江戸時代のごく初期に活躍した出雲《いずも》のお国は男装して主役のかぶき者を演じた。かぶき者は、派手な身なりの、常軌を逸した行動をした者をいう。そのかぶき者の姿を歌と踊りで描写したため、お国たち一座の芸能はかぶき踊りと言われたのである。現代まで伝わる歌舞伎は、出雲のお国のかぶき踊りがルーツとされる。

出雲のお国たちのかぶき踊りを模倣して遊女歌舞伎も興った。相手をする遊女を客に選んでもらうため、遊女屋が遊女たちに踊らせた芸能で、特にフィナーレ（最終場面）の総踊り（群舞）が人気だった。遊女歌舞伎の大流行に恐れをなした幕府は女性の舞台出演を禁止する。そのため、歌舞伎は男だけの芸能に変化していく。

遊女歌舞伎が禁止された直後から、武家屋敷に招かれて踊る女性芸能者が現れ、踊子と呼ばれるようになる。遊女歌舞伎に出演していた女性たちが芸を行う場所（働き場所）を変えたのだろう（のちに詳述）。

現代の歌舞伎に繋《つな》がる形が成立したのは元禄《げんろく》時代（17世紀末）だったが、以降、歌舞伎の脇役やその妻・娘が街で素人《しろうと》（一般人）に歌舞伎の踊り・音楽を教えるようになる。歌舞伎の舞踊、歌舞伎の音楽＝三味線音楽の大衆化が始まったのである。

元禄期までの踊子は玄人《くろうと》だったと推測されるが、元文《げんぶん》期（1736～41年）頃になると、歌舞伎の舞踊・音楽を習い覚えた素人の娘が踊子に参入してくる。

新しく参入した娘たちも含めて、踊子たちは、単に踊るだけでなく、三味線音楽の演奏も持ち芸とするようになる。芸の幅を拡《ひろ》げたのだが、芸の変化に伴って、安永期（1772～81年）頃から、踊子は芸者などと言われるようになる。

同じ安永頃、武家屋敷で歌舞伎を上演する、お狂言師と言われる女性の一座が現れる。街の踊りの女師匠が地方《ぢかた》（歌舞伎音楽の演奏者）の女師匠たちと一座を組んで、武家屋敷に行き、奥方や姫、御殿女中たちの前で歌舞伎を演じたのである（幕末には大奥にも出入りした）。

語り芸を浄瑠璃という。浄瑠璃は江戸にも上方にもあったが、上方生まれの義太夫節が江戸でも流行するようになる。義太夫節は本来、人形浄瑠璃（人形芝居）の音楽だが、人形操りが出演しない、音楽としての浄瑠璃もあり、それを素《す》浄瑠璃と言った。

女性が演奏する義太夫節の素浄瑠璃を女浄瑠璃と言ったが、享和《きょうわ》年間（1801〜04年）くらいから、浄瑠璃の定見世《じょうみせ》（興行場所）や市中の町家の二階に作られた寄せ場（のちに寄席《よせ》と表記）で、落話《おとしばなし》・講釈（講談）などの芸と一緒に女浄瑠璃の興行も始まる。女浄瑠璃は娘義太夫・娘浄瑠璃とも呼ばれ、大流行するが、幕府は女浄瑠璃を危険視し、文化二（1805）年九月に禁止令を出す（『御触書集成《おふれがき》』による）。

しかし、禁止令が出されたにもかかわらず娘義太夫はますます流行する。近代の江戸風俗研究家・三田村鳶魚《えんぎょ》は、文政一〇（1827）年に刊行された「座舗女浄瑠璃」という番付に一九〇名、同じ番付の同一一年の版に一七五名の女義太夫の名前が載っている、と記している。天保《てんぽう》八（1837）年刊の娘浄瑠璃の評判記『娘浄瑠璃芸品定《しなさだめ》』には八六軒の寄席が列挙され、一八九名の娘義太夫の名前が載っている。天保の改革が始まった天保一二（1841）年一二月、江戸町奉行・遠山左衛門《さえもんのじょう》尉が上役の老中首座・水野忠邦《みずのただくに》宛てに上申した調査書によると、当時、江戸の町人地に二一一カ所の寄席があった（ほかに、寺社奉行が管轄した寺社の境内に二二軒、吉原に六カ所、計二三九カ所）。つまり娘義太夫は、当時二一一軒あった寄席のうち、八六軒（全体の三分の一）の寄席に出演していたのである。

各地を回って、芸能行為を行い、金品を乞う芸能を門付芸能《かどづけ》という。正月には万歳《まんざい》・太神楽《だいかぐら》・猿曳《さるひ》き（猿舞わし）・獅子舞《ししまい》（里神楽）・春駒などの門付芸人が回ってきた。江戸時代の女性の門付芸能に鳥追《とりおい》（女太夫）・瞽女《ごぜ》などがあった。

鳥追は元々、豊作を予祝する行事で、小正月に行われた。年初に害鳥を追い払う呪術的な行為を行えば、その効果は秋まで持続し、豊作は間違いない、とされたのである。

芸能としての鳥追は女性の門付芸人を言い、元旦から中旬の小正月の頃まで、鳥追唄を歌って歩き、新春を言祝《ことほ》（寿《ことほ》）いだ。二人連れまたは数人連れで回ってきて、各家の前に立ち、三味線や胡弓《こきゆう》の演奏で鳥追唄を歌って、金品を乞うたのである。

鳥追の扮装《ふんそう》は定型になっており、縞《しま》の木綿の着物に、繻子《しゆす》の帯、手に手甲をつけ、日和下駄《ひよりげた》を履き、太紐のついた褄折《つまおり》の編笠《あみがさ》を被っていたという。

鳥追は、小正月を過ぎると、笠を編笠から菅笠《すげがさ》に替えて、豊後節《ぶんごぶし》を語って全国を遊行《ゆぎよう》した（「女太夫」と言われた）。逆にいうと、普段は浄瑠璃を語り歩く女性芸人で、正月の半月だけ鳥追になったのである。

瞽女は盲人の女性芸能者をいう。平家琵琶《へいけびわ》（平曲）などの語り芸（浄瑠璃）・音楽は盲人の職業になっていたが、江戸時代の瞽女は集団で、各地を回り、門付を行った。

先ほど、江戸時代は女性の舞台出演が禁止されていたと記したが、禁令が出された後も、幕府の監視の目が届かない地方には女性の芸能集団が存在したようだ。また幕府の権威が弱まり無政府状態となった幕末には、小芝居《こしばい》（幕府の公認が得られなかった芸団で、寺社境内などで上演した）・寄席芝居（寄席の会場になっていた小空間で上演された歌舞伎）・旅芝居・地方の芝居小屋などで、女性が舞台に立つようになった。

江戸時代と現代は、社会・経済の仕組みも文化も人々の意識も、全く違う。そのため、現代人は江戸時代のことがわからなくなっているが、江戸時代を知るキーワードは身分制と家父長制である。逆にいうと、身分制・家父長制の社会であったことを理解しなければ江戸時代のことはわからない。

前者についていうと、江戸時代は大略、武士・百姓（農民）・町人（職人・商人）・被差別民に分かれていた（ほかに、宗教者など）。支配・被支配の関係でいうと、武士が百姓以下を支配していたのである。

後者でいうと、江戸時代の社会の基礎単位は、個人ではなく、「家」だった。例えば、武士の家臣は、主人である大名（徳川家を含む）から毎年、扶持米《ふちまい》を支給された。現代は労働の対価として、個人に対し、賃金が支払われる。しかし、江戸時代は主人に従う対価として、個人ではなく「家」に対し、扶持米が支払われたのである。

家の家長は男性で、家は長男から長男へ世襲された（長男が死亡した時は二男以下が継承。男子が生まれない家は、娘婿が継承。子どもが生まれなかった家は養子を取って継承）。つまり、江戸時代に人権があったのは男性だけで、女性には人権がなかった。換言すると、男尊女卑の社会だったのである。

いわゆる明治維新で、身分制度は基本的に崩れたものの、家制度と男性支配は続いた。その残滓《ざんし》は現在も残り、日本の昨２０２２年の世界経済フォーラムのジェンダーギャップ指数（男女格差を測る指標）は１４６カ国中１１６位である。男女差別は依然として解消されていないのである。

冒頭に記したように、日本人のほとんどは、江戸時代は女性芸能者がいなかったと思っている。そのように思われている遠因は男尊女卑の風潮と女性無視にあるように思われる。例えば、高校の日本史教科書の江戸時代のくだりには女性がほとんど登場しない。

本稿は、江戸時代のさまざまな女性芸能者のうち、芸者を取り上げて、その成立と盛衰について記述した。明治時代になって、女性の舞台出演が公に認められるようになり、女優と呼ばれるようになるが、それら近代女優は大概、元々は芸者をしていた女性たちだった。芸者は近代女優の母体だったのである。

江戸の女性芸能者の系譜

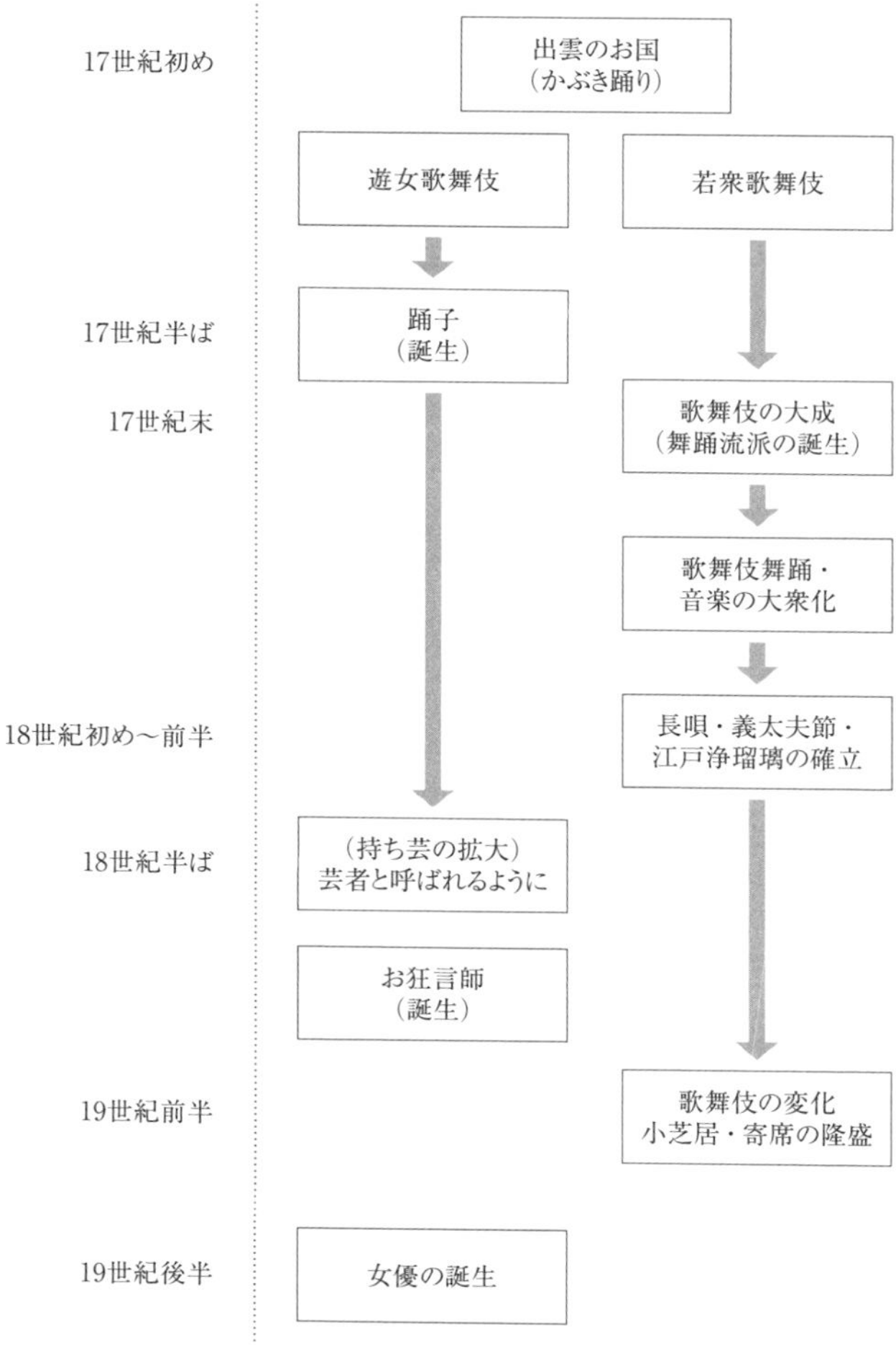

17世紀初め
17世紀半ば
17世紀末
18世紀初め〜前半
18世紀半ば
19世紀前半
19世紀後半
出雲のお国
（かぶき踊り）
遊女歌舞伎
若衆歌舞伎
踊子
（誕生）
歌舞伎の大成
（舞踊流派の誕生）
歌舞伎舞踊・
音楽の大衆化
長唄・義太夫節・
江戸浄瑠璃の確立
（持ち芸の拡大）
芸者と呼ばれるように
お狂言師
（誕生）
歌舞伎の変化
小芝居・寄席の隆盛
女優の誕生

第Ⅰ章　踊子の誕生

一、出雲《いずも》のお国

1、かぶき踊り

慶長八（1603）年は歴史の大きな曲り角だった。征夷大将軍の宣下《せんげ》を受け、名実ともに天下の支配者となった徳川家康はこの年二月、江戸に幕府を開いたのである。

同じ年の初夏、出雲大社の巫女《みこ》を自称するお国を中心とする一座が京・鴨《かも》（賀茂）の河原で「かぶき踊り」を踊った。京の貴族で明経博士《みょうぎょうはかせ》（儒学者）・船橋秀賢《ひでかた》の日記『慶長日件録』に「女院において、かぶき踊りあり。出雲の国の人」（以下、現代語訳はすべて著者による意訳）とある。女院は朝廷から「院」または「門院」の称号を与えられた女性を指す語で、ここは「女院御所（女院のいるところ）」の略。

この出雲のお国のかぶき踊りが歌舞伎のルーツとされる。歌舞伎はのちに江戸時代を通して最も影響力のある芸能に発展するが、芸能革命の幕は慶長八年に切って落とされたのである。

「かぶき」は動詞「傾《かぶ》く」の名詞化。中世末期から近世初期にかけて、変わった格好をした連

出雲のお国1
『阿国歌舞伎図』京都国立博物館蔵　出典：ColBase（https://colbase.nich.go.jp/）

中が街を跋扈《ばっこ》していた。その者たちは、既成の秩序の外にあり、因襲に染まっていないことを形で表すため、常識外れの格好をしていたが、そのような者を「かぶき者」と言ったのである。

寛永《かんえい》年間（１６２４〜４４年）に成立したとみられる著者不明（松平忠明《ただあきら》？）の記録『当代記』の慶長八年四月の条にやや詳しくお国たちの動向が記録されている。現代語に訳すと次のようになるだろう。

「かぶき踊りが上演された。出雲の国（島根県）の巫女〔名は国、美人ではなかった〕が京に上って、傾いた格好をした男を演じた。特に変わっていたのは刀、脇差、衣裳《いしょう》など。特に面白かったのは（お国が男装して演じた）男が茶屋の女と戯れるところで、貴族から庶民まで、京の人々は大いに楽しんだ。お国は伏見《ふしみ》城へもたびたび上って踊った。その後、お国のかぶき踊りを真似《まね》した一座がたくさん現れ、諸国に下った」

お国のかぶき踊りを描いた絵はいくつか遺《のこ》っている。その絵に描かれているお国は、派手な着物に、幅広の帯を締め、脇差を差している。また、額に鉢巻を締め、両手に長刀《なぎなた》と扇子を持ち、首にロザリオ（とクルス）をかけ、腰に瓢簞《ひょうたん》を吊《つ》るしている。

お国たちがかぶき踊りを踊った時期は、戦いに敗れ、主家を失った浪人者が多かった。浪人者も一応は武士なので、刀を所持していた。キリシタン取締り令や鎖国令が布告される前なので、西洋からやってきたキリスト教の宣教師に似た格好をしたかぶき者もいた。お国はかぶき者の姿を映した最新のファッションを身に着けて舞台に登場したのである。

『当代記』には「国」という女性名と、美人ではなかった、という註が付いている（原文は「非好女」）。なお、女性名の「国」の上に付いた接頭語「お」に「阿」「於」の字が当てられることもあった（本書は「お国」に統一）。「美女ではなかった」という註記についてはのちに触れる。

ここでいう茶屋は、お茶を飲ませる店（水茶屋）ではなく、遊女と遊ぶための色茶屋である。供の奴《やっこ》（下僕）は猿若が演じたようだ。猿若は滑稽な物真似芸を演じた芸能者で、のちに歌舞伎の道化《どうけ》方になる。色茶屋の女は女装した狂言師が演じたようだ。

つまり、お国の一座は男女混成で、女性であるお国が男装して主役のかぶき者を演じ、対する茶屋の女は男性の狂言師が女装して演じた。女性中心の芸能で、主役などの一部の役は性を逆転させて演じたのである。

当時、かぶき者という語は広い意で使われていた。当時の常識からはみ出ていた者はすべてかぶき者である。新しい芸能を演じたお国たちもかぶき者である。かぶき者の芸能者がかぶき者を描いたという二重の意味で、お国たちの踊りはかぶき踊りと言われたのである。

「踊り」と名付けられているように、お国たちのかぶき踊りは踊りと歌と寸劇からなる歌舞劇で、現代のミュージカル・ショーまたはレビューのような芸能だったのだろう。また、ストーリー性もあったので、演劇の要素も含んでいたと推測される。猿若と狂言師も出演していたので、笑いの要素が強かったと思われる。いくつかの場面で構成されていたが、色茶屋の場面が一番の見どころになっていたようだ。

出雲のお国らによるかぶき踊りの特徴を整理すると次のようになる。

一つは、中世末期の女性芸能を発展・変化させたこと。

安土桃山時代には、女能・女狂言・女舞《おんなまい》などの女性芸能が興り、風流《ふりゆう》踊りが流行した。風流は祭りの山車《だし》などを華やかに飾ること。風流踊りは、祭りなどの時、華やかに着飾って踊る芸能をいう。出雲のお国のかぶき踊りは風流踊りの延長線上の踊りとみられる。

二つは、身体表現の魅力、特に女性が全身を使って表現して魅力を振りまいたこと。

中世から江戸時代初期にかけて、一番人気があった芸能は能・狂言（猿楽の能・猿楽の狂言）

出雲のお国2
『國女歌舞妓繪詞』（部分）　京都大学附属図書館蔵

である。能は面《おもて》（仮面、能面）を付けて演じるが、女性の演者は面の着用が許されなかった。面を付けられないということは顔が見えるということ。面を付けていないことが逆に、かぶき踊りの魅力になったのだろう。出演者の美しい顔を見せられる。

三つは、それまで傍流だった、踊りの要素を発展させたこと。

「舞踊」という語はダンスの訳語として明治に作られたが、舞と踊りは同義語である。舞踊のうち、舞は回転運動をいう。能の舞を仕舞というように、中世までは回転運動が主流だった。踊りは跳躍運動をいう。お国たちのかぶき踊りは傍流だった踊りの系列に属する。

ちなみに、武家屋敷などで踊った女性芸能者を、江戸では踊子、上方では舞子と言った（現代の京都の舞子は少し意味が変化して、江戸〜東京の半玉《はんぎょく》〈見習い芸者〉を言っている）。

四つは、当時、大流行していたかぶき者を描写したこと（前述）。

出雲のお国たちのかぶき踊りは京の人々に衝撃を与え、その踊りに貴族も庶民も熱狂した。お国たちは「天下一」と号し、宮廷にもたびたび招かれた。家康は伏見城で征夷大将軍の宣下を受けたが、その伏見城でもかぶき踊りは演じられた。

大ヒットしセンセーションを巻き起こしたお国たちの芸能は、遊女歌舞伎などの模倣者を生んだ。若衆《わかしゅ》歌舞伎もかぶき踊りの模倣芸能で、のちに歌舞伎に変化・発展する。つまり、慶長八年は政治の転換点であっただけでなく、芸能史の転換点でもあった。

2、出雲のお国の出自

出雲のお国たちの一座について、確実に言えるのは二つだけである。一つは、京でかぶき踊りを踊ったこと（と、その前後に全国を遊行したこと）。二つは、出雲大社の巫女を名乗ったこと。史料が少ないため、仮説に仮説を重ねるしかなく、断定的なことは言えないのである。

出雲大社の巫女と称したことで言えば、実際に出雲大社の巫女だったとも考えられるが、稼ぎやすいため、自称しただけとも考えられる。出雲大社は古くから全国に知られた有名神社だった。出雲大社の巫女を名乗っていれば、勧進と称して金を集めるのに有利である。「勧進」は寺社への喜捨（寄付）を募ることを言い、それを目的とする興行を勧進興行と言った。

現代は、お国たちは出雲大社の巫女ではなく、実際には「歩き巫女」だったのではないか、というのが多数説である。歩き巫女は特定の神社に所属しない巫女を言い、ある神社と契約し、全国を遊行して、その神社への寄進を集める勧進興行を行った。そして、興行収入のうち、興行に費やした費用および出演者の生活費を差し引き、残りを名目とした神社に納めた。

中世の芸能者は貴族や大きな寺社・有力な武士などに抱えられて生活した。お国の一座はお抱え芸能の面も遺しており、女院御所に招かれて踊ったこともあった。しかし、鴨川の河原に小屋掛けし、不特定多数の観客に芸を見せ、その対価として金銭を得たこともあったようなので、お国の一座は職業芸能・商業芸能に近づいていたとも考えられる。

先ほど、お国たちは歩き巫女だったのでは、という説が多数説と書いたが、初代河原崎権之助《かわらさきごんのすけ》の『舞曲扇林《ぶきよくせんりん》』は「遊女だった」と記述している。

遊女という語が売春婦の意になるのは室町時代以降で、鎌倉時代までは「歌舞・音曲など、芸能によって人々を楽しませる女性」を遊女と言っていた。

漢字「斿（遊）」の原義は「氏族霊の宿る旗をおし建てて、外に出行すること」（白川静『字通』）。遊行（出歩くこと）の「遊」である。奈良時代の女性芸能者は遊行女婦《あそびめ》と呼ばれたが、平安時代になると遊び女《おんな》＝遊女と呼ばれるようになる。傀儡女《くぐつめ》も遊び女の一種である。

平安時代末期から鎌倉時代にかけて存在した遊女＝女性芸能者に白拍子《しらびょうし》がいる。白拍子は水干《すいかん》（狩衣《かりぎぬ》の一種）・烏帽子《えぼし》（被物）に白鞘巻《しろさやまき》の太刀を持って舞った。女でありながら男の格好をして、男舞を舞ったのだが、その姿から白拍子と言われるようになったようだ。

能『江口』や西行法師の逸話などに登場する江口の遊女・一﨟《いちろう》は、後白河（天皇・上皇・法皇）の子を産み、丹波局《たんばのつぼね》と言われた。後鳥羽《ごとば》上皇の愛妾《あいしょう》で、承久《じょうきゅう》の乱の原因となった伊賀局《いがのつぼね》も元は白拍子で亀菊と言った。また『平家物語』には、平清盛と祇王《ぎおう》、源義経と静《しずか》の逸話が出てくる。祇王も静も白拍子で、鎌倉時代の白拍子は人々に尊敬される存在だったのである。

室町時代初期（14世紀）以降、女性芸能者は、貴と賤、聖と俗の両面を持つようになる。歩き巫女は、求められれば、性行為も行ったようだが、古代〜江戸時代初期の女性芸能者たちの性行為を現代の売春と同義に捉えることは間違いと思われる。男性器・女性器を祀神《さいじん》とする神社も存在するように、日本では元々、セックスを豊饒《ほうじょう》の根源とみていた。性交を肯定的に捉えたのである。

江戸時代初期以前の女性芸能者は歌舞によって人々を楽しませると同時に枕席に侍《はべ》ることもあった。当時の女性芸能者は恋愛に近い感覚で性交したに過ぎず、江戸時代以降の管理された売春と区別したほうがよいように思われる。

二、遊女歌舞伎

1、かぶき踊りから遊女歌舞伎へ

前に、『当代記』に「お国は美人ではなかった」という註記が付いていた、と書いた。これはお国が歳《とし》を取って容色が衰えた、と読むこともできる。お国はかぶき踊りを踊る前、「ややこ踊り」を踊っていた。お国が男装してかぶき者に扮したのは歳を取って容色が衰えたためかも知れない。それが不思議な色気を発揮して、大ヒットした、という解釈も可能である。

都を席捲《せっけん》したお国たちの芸能を模倣して上演する芸団が現れた。著作権の概念がなかった江戸時代は、大流行しているものはすぐ真似されたのである。出雲のお国の評判が高まるとすぐ、お国たちの踊りに似た、遊女たちの踊りが興った。お国が天下一の大スターとして躍り出た年と同じ、慶長八（1603）年には遊女歌舞伎は存在した。電光石火の素早さである。

遊女歌舞伎はお国たちの踊りを真似した女性中心の一座をいう。遊女にかぶき踊りを踊らせたのは遊女屋で、遊女の顔や姿態を見せて、客に遊女を買ってもらうことが目的だった。江戸時代の遊廓《ゆうかく》は通路に面した部屋に遊女が控え、客は通路から格子越しに遊女の容姿を見て、買う遊女を指定した。遊女歌舞伎は「張り店ショー」として始まったのである。

ちなみに、江戸時代は「歌舞妓」の表記が一般的だった。これは女性芸能として出発したことから来ている（本書は「歌舞伎」に統一する）。

お国たちの一座も、お国たちの踊りを模倣した遊女たちの一座も、新しい展開を求めて地方に下った。お国の一座が地方に下ったのは、お国が歳を取って、若い遊女が踊る歌舞伎に押されたのかも知れない。お国たちは金山で賑《にぎ》わっていた佐渡へも行った。

水と同じように、文化は高いところから低いところに流れる。当時の地方は独自の文化を持っていたものの、中世までの首都だった京の文化が高い文化と思われていた。高い文化を持っていた京で生まれたお国たちの踊り・遊女たちの踊りは燎原《りようげん》の火のように全国に拡がっていったのである。

遊女歌舞伎
『四条河原遊楽図屏風』（部分）　静嘉堂文庫美術館蔵

2、遊女歌舞伎とは

慶長一二（1607）年二月、お国たちの一座は新興都市の江戸で踊ったようだ。江戸の遊女歌舞伎は官許される前の吉原でも、当時の興行地・中橋《なかばし》（日本橋と京橋の間にあった橋）でも上演された。

徳川家康は天正一八（1590）年に江戸へ入った。慶長八（1603）年に家康は江戸に幕府を開き、江戸は首都になった。以降、江戸の街造りが本格化。新しい首都を築くため、全国から、多数の男たちが集められた。お国が江戸に下った狙いは明らかである。

『孝亮宿禰日次記《たかすけすくねひなみき》』によると、出雲のお国たちが江戸に下った翌年、慶長一三（1608）年に京・四条河原で上演された遊女歌舞伎は盛況だったという。

『東海道名所記』にも「（京）六条の傾城町《けいせいまち》より佐渡島《さどしま》といふもの、四条河原に舞台をたて、けいせい（傾城）数多《あまた》出して舞をと（踊）らせけり」と出てくる。傾城町は遊廓。江戸時代初期、京の幕府公認の遊廓は六条三筋町《みすじまち》にあり、のちに島原へ移る。佐渡島は有名な遊女歌舞伎の経営者・佐渡島正吉《しょうきち》のこと。正吉という男名前だが、女性である。

江戸の遊女歌舞伎はその頃、中橋で興行していた。元北条の家臣でのちに商人となった三浦《みうら》浄心《じょうしん》が記録して慶長一九（1614）年に刊行した『慶長見聞集』に中橋の遊女歌舞伎の様子が出てくる。

「（日本橋と京橋の間の）『中橋にて幾島丹後守歌舞伎あり』と高札を立つれば、ひと集りて貴賤群集をなし、出づるを遅しと待つ所に、和尚（座頭の女優）先立って幕を打ち上げ、橋掛り（舞台と楽屋を繋ぐ通路）に出づるを見れば、いと花やかなる扮装にて、黄金作りの刀脇差をさし、燧袋《ひうちぶくろ》・瓢箪などを腰に下げ、猿若（道化方）を供につれ、そぞろに立ち浮かれたるその姿、女とは見えず。ただ豆男なりけり。古《いにし》へ陰陽の神と言はれし（在原《ありわらの》）業平《なりひら》の面影ぞや。芝居桟敷の人々は首を伸べ、頭をたたいて、我を忘れて動揺する」

雰囲気を失ってはいけないので、原文のまま載せ、註を付したが、要するに、男も女も、武士も庶民も、老人も若者も、江戸の人々は遊女歌舞伎に熱中したのである。

お国たちの一座と遊女歌舞伎の違いの第一は、芸団の規模にあった。

お国たちの一座は、一〇人程度の小規模集団で、諸国を遊行した。出雲のお国を描いた絵を見ても出演者は数人である。遊女歌舞伎の目的は客に遊女の顔や姿態を見せること。そのため、フィナーレ（最終場面）の総踊り（群舞）が最大の見どころで、五〇～六〇人の遊女が振りを揃《そろ》えて踊ったという。遊女屋は抱えていた遊女の全員を舞台に出したのだろう。

お国たちの一座と遊女歌舞伎の違いの第二は、出演者と興行主の分離。お国たちの一座はほとんど全員が舞台に出演していたとみられる。つまり、出演者＝興行主だった。一方の遊女歌舞伎は、興行主は遊女屋で、出演者は遊女（と男性芸能者）である。遊女歌舞伎の出現で、日本の芸能史上初めて、出演者と興行主が分離した。

第三の違いは、楽器に、三味線も使用したこと。出雲のお国たちが使用していた楽器は四拍子《しびょうし》（笛・太鼓《たいこ》・大鼓《おおつづみ》・小鼓）で、能・狂言と同じだった。遊女歌舞伎は、四拍子に加えて、日本に入ってきたばかりの新楽器・三味線も使った（三味線については、のちに詳しく書く）。

３、女性の舞台出演禁止

中世までは現世＝この世を「憂世《うきよ》」と表記した。憂世という表記は仏教的な無常観・厭世観《えんせいかん》に基づいており、「憂《う》き（辛《つら》い・悲しい・苦しい）世の中」の意。江戸時代初期の慶長末期から寛永期（～１６４４年）には、憂世という表記に変わって「浮世」と表記するようになり、その表記は明暦《めいれき》～寛文《かんぶん》期（１６５５～７３年）に定着する。

長く続いた戦乱が収まったばかりの江戸時代初期は開放的な気分が溢《あふ》れていた。徳川家が覇権を握り、戦争が終わったことは大きな進歩だったが、江戸時代に入った後も天変地異は起きたし、疫病も流行した。この世が憂き世であることは変わらなかった。

しかし、この世に生まれてきたのだから、生きているうちは楽しく過ごさなければ損、という現世肯定の意識が強まり、浮世という表記に変化する。つまり、浮世は江戸時代初期の刹那《せつな》的・享楽的気分を表す語である。

歌舞伎はそのような時代の気分にぴったりの芸能だった。当世すなわち江戸時代を描いた絵が浮世絵なら、歌舞伎は江戸時代の気分を芸能化した「浮世芸能」である。

江戸時代初期、人々はエロチックな遊女歌舞伎に熱狂した。遊女歌舞伎の流行に恐れをなした幕府は、寛永六（1629）年一〇月、江戸で、最初の「女舞・女歌舞伎・総踊り」の禁止令を出す。

「女舞」は「女性による舞」の意。女舞は平安時代から存在したが、形は時代によって違った。別の言い方をすると、女舞の定義・様式は時代によって異なったのである。江戸時代初期の女舞は「天冠《てんかん》（能の被り物）・狩衣・大口を着けた女の舞」を言ったという。

総踊りは大勢の出演者が振りを揃えて踊ること。遊女歌舞伎の一番の見せ場はフィナーレの群舞だった（前述）。

寛永六年の禁令は効果がなく、幕府は翌寛永七（１６３０）年一二月にも「男女打ち混じっての興行」の禁止令を出す。前述したように、お国の一座も、遊女歌舞伎も、男女共演だったが、「男は舞台に出てもよいけれど、女は舞台に出てはいけない」というのである。

二度目の禁令によって幕府の狙いは鮮明になる。「女舞・女歌舞伎・総踊りの禁止」「男女共演の禁止」ということは、「芸能の種類を問わず、女性は舞台に出てはいけない」ということ。幕府は、遊女の舞台出演が客の誘引に効力を発揮している、とみたのである。幕府は女性の舞台出演を禁止して、遊女と男性（特に武士の男）との切り離しを図った。

寛永七年の禁令で、遊女歌舞伎はこの頃に姿を消した、と書いている書物は多いが、実際には、江戸では女性芸能も正保《しょうほう》年間（１６４４〜４８年）くらいまで上演されていた。というのは、寛永一七（１６４０）年に再び「男女打ち混じって」の興行が禁止されている。

また正保三（１６４６）年には、女を交えて興行したことを咎《とが》められ、宮芝居（小芝居）の座元・笠屋三勝《かさやさんかつ》が逮捕されている。三勝は前年の正保二（１６４５）年、芝神明《しばしんめい》境内で櫓《やぐら》を上げた。これが宮（宮地）芝居の始まりとされるが、翌正保三年に三勝は逮捕され、入牢《にゅうろう》した（『戯場年表』による）。

つまり、女歌舞伎などの女性芸能が初めて禁止された寛永六年以降も、女性たちは取締りの隙を窺《うかが》って、舞台に出ていたのである。また、前述したように、幕府の目が届かない地方では、寛永の次の年号、正保年間の後も女性の舞台出演は続いた。

三、踊子の誕生

1、踊子とは

物事は同じところに留《とど》まっていない。諸行無常である。前述したように、遊女歌舞伎は遊女を買ってもらうために始めた芸能だが、不特定多数の人々から入場料を取って上演し、遊女たちの踊りを見せることで金儲《かねもう》けできることがわかった。遊女歌舞伎は次第に、張り店ショーから、商業芸能・職業芸能に変化していったのだろう。

女性の舞台出演が禁止されたからと言って、舞台に出なければ飢え死にしてしまう。正保年間になると、舞台に出る代わりに、大名など、位の高い武家の屋敷に行って踊り、金銭を得る女性たちも現れる。その武家屋敷に招かれて踊る女性たちを「踊子」というようになる。

芸能は劇場で上演したほうが効果的だが、劇場でなくても芸能は上演できる。いや、現代人

武家屋敷の女性芸能者
宮川長春『風俗図巻』（部分）　東京国立博物館蔵
出典：ColBase（https://colbase.nich.go.jp/）

だからそのように考えるのであって、江戸時代初期以前は、貴顕の前で芸を行い、その褒美として金品が与えられていた。遊女歌舞伎以前の興行スタイルに戻ったに過ぎない。出雲のお国が京に上って初めて踊った場所は公家の近衛《このえ》邸である。

踊子という語の初出は慶安二（1649）年三月の「芝居町江《しばいまちえ》御触書」である。触書は幕府（奉行所）が支配下の者に対して下す命令書だが、慶安二年に江戸町奉行所が芝居町に宛てて出した触書に「踊子、役者に至迄《いたるまで》、何方より呼に参り候共《そうらえども》、乗物あんだ（箯輿＝粗末な町駕籠）に乗申間敷《もうすまじく》候」と出てくる。「踊子や役者は誰が呼びに来ても、乗物に乗って出かけてはいけない」と言っている。

慶安（1648～52年）の前の年号は正保だが、慶安二年の幕府の公文書に踊子という語が登場するということは、踊子は正保年間には生まれていたのだろう。

江戸時代初期、金を持っていたのは位の高い武士だけだった。そのため、女性芸能者は武家屋敷に行って踊ったのである。つまり、江戸時代初期に遊女歌舞伎に出演していた女性芸能者が形態を変えたのが踊子である。踊子は芝居町から生まれたと言ってもよい。

2、深川の踊子

深川は、江戸に入った後、徳川家康が隅田川河口の東側の中洲（永代島《えいたいじま》）を埋め立て造成したところで、現代の江東区西南部の八幡宮（富岡八幡宮＝深川八幡）の周辺をいう。

寛永四（1627）年、その深川の地に八幡宮を勧請した。祀神の八幡神は源氏の神・戦の神である。そのため、徳川幕府は深川八幡を保護し、深川は江戸城から遠隔の地にあったにもかかわらず発展した。

寛政七（1795）年の自序がある津村正恭《まさゆき》（淙庵《そうあん》）の随筆『譚海《たんかい》』に、「よし町新道に菊弥といふ女芸者ありて、声よく歌歌ひて、殊《こと》の外《ほか》はやり、野郎の座敷へも日々よばれ、盛んにもてはやされしが、野郎の歌のさわりに成るほどにて、よし町にて雇はぬようになりしかば、深川八幡前へ移り、歌の師匠をいたし、茶店を開きしかば、江戸の客、おいおいしたい来たりて、隣家まで繁昌《はんじよう》し、家たてつゞき、終《つい》に中町といふものになりたり。それまでは野原のような所にて、人も住家少なく、小山田弥一などといふ者も、こゝにありてけるを捕へられたるなり。この弥一といふは、常憲院様の御部屋、三の丸様の親を打ち殺したるばくち打ちなり。かようの事なれば、菊弥は深川建立の始まりと沙汰せしことなり」と出てくる。

「よし町」は芳町（本来の表記は「葭町」）。現代の日本橋人形町二・三丁目である。

江戸時代初期、江戸の芝居町は東海道の出入口に近い現在の銀座などにあったようだ。のちに、日本橋と京橋の中間の中橋へ移り、さらに二丁町《にちょうまち》（堺町《さかいちょう》・葺屋町《ふきやちょう》＝現代の中央区日本橋人形町三丁目）と木挽町《こびきちょう》に移った。芳町は二丁町の隣町である。

野郎は男をいう卑語で、ここでは陰間《かげま》（男色の相手をした美少年＝狭義の若衆）を指す。

『譚海』は江戸幕府の開府から二〇〇年近く時代が下った時期の史料なので、信憑《しんぴょう》性は薄弱だが、早い時期から深川に踊子（のちの芸者）がいたことは事実である。

幕末に成立した『武江年表《ぶこう》』の慶安元（1648）年四月の項に、「（同年）五月、男色をむたひ（無体）に申し掛け、若衆狂ひすることを禁じられる」「昔の方言に、男色を若道《にゃくどう》・衆道《しゅどう》・野道と云《いう》。若道・衆道とは若衆の道、野道とは野郎の道と云う縮語」とある。江戸時代は男色（男の同性愛者）を若道・衆道・野道と言った。

若衆は、広義には「若い男性」一般、狭義には男色の相手をする若者をいう。狭義の若衆は二種類あった。舞台に出演する若衆を舞台子・色子と言い、舞台に出ずもっぱら男色の相手をした者を元々は陰間と言ったが、のちに、男相手に色を売る若衆を総称して陰間というようになった。陰間が遊客と接する茶屋を「陰間茶屋」という。

元禄三（1690）年に刊行された風俗事典風の絵本『人倫訓蒙図彙《じんりんきんもうずい》』に「狂言役者、男子を遊女屋の女をか丶ゆる如《ごと》くに抱へ置きて、芸を仕入れるなり。十四・五になれば、それぞれに色つくり、芝居へ出し、芸よく名を取れば、我が門口に大筆にて、誰が宿と名字を記るし、夜には戸口に掛灯台に名を書きつけ置くなり。未《いま》だ舞台に出でぬは陰間といふ。他国をめぐるを飛子《とびこ》といふなり」とある。

若衆歌舞伎は出雲のお国の時代から存在したが、遊女歌舞伎の陰に隠れて目立たなかった。しかし、遊女歌舞伎が禁止されたことで、俄《にわか》に注目されるようになる。

若衆歌舞伎の興行主や有力者（特に女方）は多数の若衆（陰間）を抱えていた。のちの安永～天明期《てんめい》（18世紀後半）に中村座の帳元（会計責任者）をしていた狂言作者（劇作家）の金井三笑《かないさんしょう》（1731～97年）も陰間を抱えていた。

元禄初期（17世紀末）は、座元・有力な役者だけでなく、芝居に関わっていない者も陰間を抱えていたようで、元禄七（1694）年に町奉行所が「陰間は芝居町で抱えるように」と通達している。

『譚海』には陰間女も出てくるが、これは「陰間屋に抱えられている女」の意。遊女歌舞伎時代からの有名な興行主だった佐渡島座はのちに、遊女歌舞伎と若衆歌舞伎の両方を経営するようになる。中村座は元々、若衆歌舞伎の座元だった。遊女歌舞伎が禁止された後、座元・有力者の多くは、陰間（若衆）だけでなく女性である陰間女（踊子）も抱えるようになったのだろう。

常憲院は五代将軍・徳川綱吉《つなよし》を指す。綱吉が将軍に就任した直後の天和《てんな》二（1682）年一二月、駒込《こまごめ》・大円寺から出た火は、江戸城とその周囲を焼き尽くし、隅田川を渡って深川に飛び火、深川八幡周辺の町家も灰燼《かいじん》に帰した。天和二年末の大火を俗に「八百屋お七の火事」という。その八百屋お七の火事の直前、天和二年一一月に深川の遊女三十余人が逮捕された。

現代の人形町に江戸の幕府公認の遊廓・吉原が造られたのは八百屋お七の火事の六五年前の、元和三（1617）年である。そして、吉原が成立した三十余年後、慶安期（1648〜52年）、幕府は江戸の歌舞伎・人形浄瑠璃の劇場・芝居茶屋・役者の住まいなどを二丁町（堺町・葺屋町、現代の中央区日本橋人形町三丁目）と木挽町五・六丁目（同東銀座）の二カ所に集めた。

芝居は廓《くるわ》と並ぶ悪所と考えた幕府は、吉原の近くに芝居者を囲い込み、一般人（特に武士）と隔離したのである。二大悪所はこうして成立した。

ところが、遊廓（吉原）と芝居町（二丁町）は集客力があるため、二大悪所の辺りは急速に市街地化する。幕府は明暦二（1656）年、吉原の経営者に浅草寺《せんそうじ》の西北の千束《せんぞく》へ移転するよう命じる（浅草の吉原を新吉原と言った）。

元禄期以前の踊子は芝居町周辺にいたと思われる。『譚海』にあるように、芝居町の隣町、芳町の陰間屋にいた菊弥は、宴会にも出て歌っていたが、陰間の職分を荒らすという理由で排斥され、深川に移って、歌の師匠をすると同時に茶屋も経営した。つまり、深川に移った菊弥は茶屋を経営しながら、宴会にも出ていたのである。

『譚海』に出てくる小山田弥一の事件は、徳川綱吉が五代将軍になった頃に起きたとみられる。綱吉が将軍になったのは延宝《えんぽう》八（1680）年五月で、宝永六（1709）年まで在位した。

天和二年に成立した戸田茂睡《もすい》の仮名草子『紫の一本《ひともと》』に「八幡の社より手前二・三町の内は、表店はみな茶店にして、あまたの女を置きて、参詣の輩《ともがら》のなぐさみとす。なかんずく鳥居より内をば洲崎の茶屋と言って、十五・六、二十ばかりなる、みめかたちすぐれたる女を十人ばかりずつもかゝえ置きて、酌をとらせ、小うたを歌わせ、三味線をひき、鼓をうって、後はいざ踊らんとて、当世はやる伊勢おどり『松坂こえて、やっこの此のこの、はつあよいやさ、ここに一つの、くどきがござる』なんどと手拍子に合わせて踊る。風流なること、三谷の遊女も爪をくわえ塵をひねる。花車屋のおしゅん、おりん、澤瀉屋《おもだかや》のおはな、桝屋のおてふ、住吉屋のおかんなどは、御の字じゃというなり」とある。

文中にある伊勢踊りは、天和の前の年号、延宝年間（1673〜81年）に江戸で流行した。

前述したように、天和二年一二月の「八百屋お七の火事」の直前、深川の遊女三十余人が逮捕された。寛永四（1627）年に深川八幡（富岡八幡宮）が創建されて以降、深川は発展したと記述したが、深川八幡が創建された半世紀後、深川は大きな色町になり、多数の遊女がいたのである。菊弥が深川へ移ったのは延宝年間とみてよいだろう。

少し後、元禄六（1693）年刊の井原西鶴《さいかく》の浮世草子（小説の一種）『西鶴置土産』巻四に「深川八まんの茶屋者は、本所・築地よりは格別見よげに、京の祇園町《ぎおんまち》のしかけ程ありて、鳥居のうちは二人一歩、外は三人一歩と極め置きしも物がたし」とある。

『西鶴置土産』は西鶴が歿《ぼっ》した直後に出版されたが、深川の描写は天和二年の八百屋お七の火事以前とみられる。

3、男装の踊子

延宝（1673〜81年）の頃、深川の踊子は男装していたようだ。それを捉えたと思《おぼ》しき句を元禄時代の俳諧師・芭蕉《ばしょう》が詠《よ》んでいる。天和二（1682）年に詠んだ「梅柳さぞ若衆哉《かな》女かな」である。「男なのか女なのかわからない人がいる。梅のように凜々《りり》しい若衆とも見えるし、柳のようにしなやかな遊女のようにも見える」の意。つまり、天和二年当時、深川には男なのか女なのかわからない人がいた。

芭蕉は寛文一二（1672）年に故郷・伊賀上野を出て、江戸に出府、延宝八（1680）年冬から深川の草庵（芭蕉庵）で暮らした。深川で暮らしたと言っても、以降の芭蕉は「旅から旅へ」の生活だった。江戸に戻ってきた短い時期だけ深川で生活したのである。

江戸の踊子を上方では舞子と言った（24頁に既述）。中世の文化が残っていた上方では英語のダンスを舞と言い、女性芸能者を舞子と言っていたのである。

元禄時代の上方の舞子も男装していた。貞享《じようきよう》三（1686）年刊の井原西鶴の浮世草子『好色一代女』の巻一に「若衆のごとく仕立ける。小歌うたはせ、踊らせ、酒のあいさつ、後には吸ひ物の通ひもする事なり」「いづれを見ても十一、十二・三までの美少女なるが」とある。「女性を若衆のように仕立て、小歌（短い歌詞の歌）を歌わせ、踊らせ、酒の相手もさせ、吸い物も運ばせている」と言っている。同じ西鶴の浮世草子、天和二年刊の『好色一代男』にも「とりなり（身なり）男のごとし」と出てくる。

江戸の踊子はのちに芸者と呼ばれるようになる。踊子から芸者へ、呼び名が変化した頃、延《えん》享《きょう》（1744〜48年）〜寛延期以降の一時期、深川芸者は羽織を着けていた（後述）。深川芸者は、元々は男の衣類だった羽織を着けて、男っぽい言動を売り物にしたのである。また、深川に限らず、江戸芸者はのちになっても、○吉・○次など、男名前（俗に権兵衛名という）を名乗った。

江戸の踊子・上方の舞子が男のような格好をした理由は四つほど考えられる。

一つは、中世以前から続く女性芸能者の伝統を受け継いだこと。

前述したように、白拍子は男装して男舞を舞った。中世以前の女性芸能者は男装することが多かった。また、江戸時代に入ったばかりの頃の出雲のお国も男装して踊った（20頁「かぶき踊り」の項を参照）。

前に述べた遊女歌舞伎の経営者・主演女優の佐渡島正吉も、男名前だが、女性である。寛文・延宝期（1661〜81年）までは遊女も男名前を名乗っていた。江戸時代初期の遊女は、江戸でも上方でも、湯女《ゆな》（髪洗い女）という名目だった。万治《まんじ》・寛文（1658〜73年）の頃、江戸・神田の丹前風呂の遊女も男装していたようだ。

つまり、女性芸能者・遊女の男装＝異性装は古くからの伝統で、江戸時代に入った後も男装の伝統は続いた。例えば、山王祭《さんのうまつり》・神田祭などの祭で女性が男装した。逆に、各地の神社のお祭りで、男性が女装する例も見られる。

二つは、女性差別をかわすため。換言すると、女であることを胡麻化《ごまか》すため男装した、とも考えられる。

鎌倉仏教以前の仏教は女性を救われない不浄の存在としてきた。例えば、『法華経』は、五障（五つの障害）を持っている女性は、そのままでは成仏できないので、一旦男性となり、比丘《びく》として修行することによって成仏できる、と説いている。神道の穢《けが》れも仏教の影響が考えられる。儒教も『礼記《らいき》』『儀礼』などで女性の三従を説いている。

女性差別は古代から始まり、中世以降さらにその傾向は強まる。女性たちは女性差別から逃れるため、男の姿になったとも考えられる。

三つは、性の境目は単純ではないこと。トランスジェンダーも考えられる。

現代は性的少数者を総称してLGBTと言っている。Lはレズビアン（女性同性愛者）、Gはゲイ（男性同性愛者）、Bはバイセクシャル（両性愛者）、Tはトランスジェンダー（出生時に判断された性と自任する性が一致しない人）を指す。

つまり、動物の性の境目は曖昧で、人間も単純に、男と女に区分けできない。性の境目は非常に微妙・曖昧で、美術・印刷用語でいうグラデーション状態である。江戸時代以前の日本で

白拍子の想像図
長谷川雪旦『白拍子図』東京国立博物館蔵
出典：ColBase（https://colbase.nich.go.jp/）

は、男色を異端視していなかった。

四つは、倒錯・逆転の面白さを狙ったことも考えられる。

芸能は一般に、男が男を、女が女を演じる。性を逆転して演じる歌舞伎の女方は、徳川幕府に強制されて生まれた。止《や》むを得ず生まれたのだが、男性が女性を演じるのは女性が女性を演じるのとは違う、定式とは違う、面白さを醸し出す。

ちなみに、今、若い女性の晴着になっている振袖は元々、若衆（すなわち男性）の舞台衣裳だった。

若衆歌舞伎の出演者は若い男性である。若い女性らしさを強調するため、袖の長い着物を着て、袖をひらひらと揺らしたり撥《は》ね上げたりして踊った。その姿が格好いいというので、振袖は若い女性の着物になったのである（65頁に掲載した若衆歌舞伎図の出演者も振袖姿である）。江戸時代はすべてパターン化していたが、着物も性・年齢・職業等によってパターンになっていた。振袖が若い未婚の女性の着物になったのとは逆に、袖の短い留袖が既婚（または結婚年齢に達した）女性の着物になっていった。現代の女性が和服を着ることはほとんどないが、現代の女性も、江戸時代の、未婚女性は振袖で既婚女性は留袖というパターンを継承している。

つまり、元禄期の踊子・舞子は歌舞伎の若衆と同じ格好をしていた。

四、元禄時代の踊子

狭義の元禄時代は年号が元禄だった時期（1688～1704年）をいう。広義の元禄時代は五代将軍・徳川綱吉が統治した、延宝八（1680）年から、宝永六（1709）年までをいう。

狭義の元禄時代＝元禄年間に入ると諸書に踊子という語が登場してくる。

幕府（奉行所）が各方面に出した布告を「御触《おふれ》」という。元禄年間に出された御触に、踊子という語は、『御触書寛保《かんぽう》集成』に収録されているものだけで、五回出てくる。元禄二（1689）年五月、元禄八（1695）年八月、同一二（1699）年四月（二回）、同一六（1703）年四月である。

元禄二年五月の御触は、「町中にて女おとり子を仕立、女子共召連《めしつれ》、屋敷方え遣《つかわ》し、おとらせ候由、不届候。向後相互に致吟味、左様之女共あつめをき、屋敷方は不及申、何方えも一切遣申間敷候」というものだった。現代語に直して要約すると、「若い女性を踊子に仕立てて、武家屋敷はもちろん、どこへも遣わしてはいけない」ということ。

また、戸田茂睡『御当代記《ごとうだいき》』の元禄二年の条にも、「五月下旬、江戸中、おどり子、屋敷方へ遣し、町にても稽古仕候事無用たるべき由、町奉行よりのふれ有、是《これ》はおどり子おびたゞ敷《しく》多くなり、遊女のやうなるも有レ之によつて也《なり》」と出てくる。

同じ元禄二年の御触書とは文言は微妙に違うものの、要するに「踊子を武家屋敷などへ派遣してはいけない」「踊子に稽古をつけてもいけない」と言っている。

同年六月の御触書は、「頃日、町にて女子おとりなと、芸を仕付、屋敷方えも遣候段、相聞候に付、停止可申付旨、奉行中え申渡候」というもの。前月の御触書は効果がなかったため、再び出したとみられる。

踊子を屋敷に呼んだ人のほとんどが位の高い武士だった。江戸時代は、武士に対する命令と庶民に対する命令は別々に出された。ダブルスタンダードだったのだが、幕府は踊子を抱えていた芝居町に対し、「武家屋敷に招かれても、踊子を派遣するな」と通達したのである。

元禄八年八月の触書は、「前々相触候、狂言芝居野郎、浪人野郎又は役者不出前髪有之者幷《ならびに》

女之おとり子かけま女方々え遣候儀、堅御法度に候間、向後右之者共一切何方えも遣申間敷候旨、相触候処、頃日少々外えも、又は船にても右之者共出し候由相聞、不届候」というものだった。

「役者不出前髪有之者」は「舞台に出ない前髪のある者」という意味で、当時、前髪が若衆の象徴になっていたが、「前髪のある陰間や陰間女を武家屋敷などへ派遣してはいけない」という趣旨である。陰間および陰間女については前述した。

現代の歌舞伎に繋がる形は元禄時代に成立したが、歌舞伎の座元（興行権保有者・劇場主・興行主を兼ねた）は若衆歌舞伎の経営者の末裔《まつえい》である。

触書は芝居町に宛てて通達された。元禄期の歌舞伎の座元（又は有力な役者）は、陰間だけでなく、以前は遊女歌舞伎の出演者だった陰間女＝踊子も抱えていたのである。

元禄八年に出された通達には「頃日、少々外えも、又者船にても右之者共出候由相聞、不届候」とある。つまり、元禄時代、踊子の顧客の中心は大名など位の高い武士で、武家は主に屋敷へ踊子を呼んだのだが、中には屋形船を所有している武家もあり、それらの武士は隅田川に船を出して遊び、船に踊子を呼んだ。

元禄一六年四月の触書には「白人《はくじん》にて芸有之町人共組合、屋敷方えあるき、又は女おとり子抱置」とある。

白人は玄人に対する語。玄人の「玄」の原意は「暗い」。転じて、「黒」の意も持つようになる。そのため、黒の反対の「白」を使って、素人を「白人」とも書いたのである。玄人は芸能者（役者）や遊女を指す言葉で、江戸時代の芸能者は人外者《にんがいもの》（被差別者）の位置に置かれていた（幕府公認の廓も）。その玄人に対して、「常民・平民」を素人と言ったのである。

現代は素人という語を「アマチュア」の意に使っている。江戸時代の身分は職業と関係した。職業として芸能に携わっていた玄人はすぐれた技能を保持していた。そのため、素人という語は「技能を持たない人たち」「技能の劣る人たち」の意も持つようになり、さらに「アマチュア」の意にも転じたのである。

白人という表記は主に上方で使われた。幕末に成立した『守貞謾稿《もりさだまんこう》』の著者・喜田川《きたがわ》守貞は上方の出身だが、『守貞謾稿』に、「京坂の俗は太夫・天神（位の高い遊女）のほかは、皆すべておやまと云ふなり。しかもお山は詞《ことば》の上のみにて云ふのみ。また色町の徒は太夫・天神のほかは、すべて女中と云ふなり。しかれども島の内と北の新地の遊女も女中とも云へども、また特に云ふには『はくじん』と云ふなり。白人の名はこの二所に限るなり。この名は正民を素人と云ひ、しろと丶訓ず。また遊女・芸子の類を黒人と云ひ、『くろと』と訓ず。この白人、初

め は 今世の白湯文字の類にて、陽に正民を立て、密に売色せし者。または正民の女、密通の中宿などより真の売女をも正民なりと偽り、あるひは素人に扮して男の心を奪ひしより始まるなるべし。故《ゆえ》にしろとと訓に云ひて、素人の字を用ふべきを、売色を黒人と云ふよりこれに対し、あるひは仮名を用ひて白人の字を書き、それを字音に呼びかへて、遂《つい》にはくじんと云ひ習はすなり。今は廓外上品妓の名となる」とある。

触書にある白人は要するに、平民の意ではなく、「一般人を装って売春する娘」のこと。売春する素人の娘も次第に増えたが、その素人を装った娘も芝居町が抱えていたのである。

芝居町の座元または有力役者は、男色の相手をする陰間、武家屋敷などに行って芸をする踊子（「陰間女」とも）、「一般人を装って売春する娘」または「素人売春をする娘」を抱えていたことになる。つまり、踊子は幕府公認の遊廓（江戸では吉原）や市中の女郎屋から生まれたのではなく、芝居町から生まれた（前述）。

先述したように、大名や有力な旗本は元禄期、踊子を船に乗せ、隅田川に出て遊んだ。船遊山だが、当時の武士はすぐ刃物三昧に及んだため、イザコザが頻発した。

宝永三（1706）年五月二一日、旗本の北条左京は大勢の家来を引き連れ、踊子も呼んで、隅田川に繰り出した。酒を飲み、大騒ぎしている北条の一行を見つけて、船回りの御徒目付《おかちめつけ》が注意した。ところが、北条の家中の者たちは、「気分良く飲んでいるのに、余計なことを言うな」と反発し、御徒目付と立回りとなった。

この事件のため、宝永三年六月に「女おとり子為致徘徊《はいかい》間敷旨、前々相触候処、近頃猥に成、不届候、向後女おとり子弥令停止候、幷娘と申なし、屋敷方町方え遣候儀も有之様粗沙汰有之候、是又右同前之事」という御触書が出された。

『元禄世間咄《せけんばなし》風聞集』にも船遊びにおける武士同士のイザコザが出てくる。

元禄年間の「武家屋敷などに行って芸をしてはいけない」という御触書はすべて芝居町に宛てて通達された。芝居者を対象にした命令なので、御触書に違反しても武士が罰せられることはない。罰せられるのは踊子およびその抱え主である。

武家は自分が罰せられることはないので、その後も平気で屋敷に踊子を呼んだ。一方、踊子・役者は、罰せられるのは怖いものの、武家屋敷に行って芸（あるいは、売春）をすれば、金銭が得られる。そのため、何回御触書が出ても、踊子・役者は武家屋敷へ行った。踊子はその後もなくならなかったのである。

ただし、船遊山に伴うイザコザが頻発したため、武士の船遊山は禁じられ、隅田川の船は一〇〇艘《そう》に制限された。隅田川で船遊山をする武士はその後、しばらくは減少したようだ。

大名など、位の高い武士が屋敷に踊子を呼んだ目的は主に二つ。

一つは男が楽しむため。会席（料亭）が未発達だった江戸時代前期、位の高い武士は自分の屋敷へ幕府の役人や他藩の武士を招いた。現代でいう官々接待だが、その接待要員として女性芸能者を屋敷に招いたのである。踊子たちは求められれば夜伽《よとぎ》もしたから、呼んだ当人が踊子と同衾《どうきん》することもあっただろう。

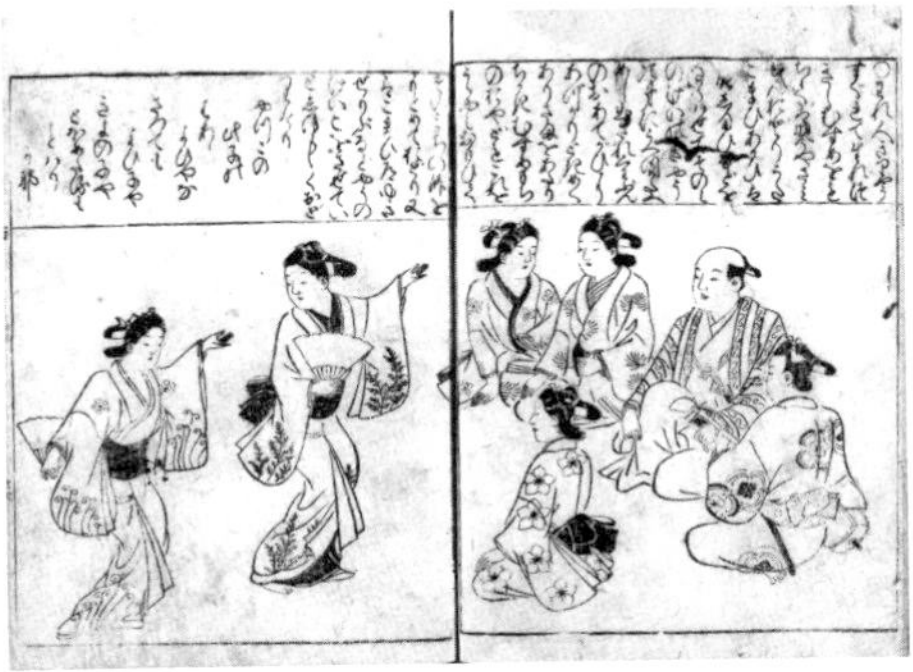

元禄期の踊子
菱川師宣『和国百女』挿絵　国立国会図書館ウェブサイトより

もう一つは、奥方やお姫様、御殿女中や女の召使を楽しませるため。これについては、のちに詳しく述べる。

寛文年間（1661年〜）以降、経済が発達し、元禄期になると、金持ちの商人も現れた。のちに金持ちの商人たちは、料理茶屋などへ踊子を招いて遊ぶようになるが、元禄時代はまだ庶民の金持ちが少数で、踊子を呼んだほとんどが高位の武士だった。

第Ⅱ章　歌舞伎舞踊・音楽の大衆化

一、歌舞伎の第一次大成と舞踊

1、所作事と振事

現代の芸能ジャンルに区分けすると、歌舞伎は基本的には演劇だが、舞踊でもある。江戸時代の歌舞伎は、朝から日没まで、続き狂言（長編）を上演していたが、長編の中に必ず、舞踊場面を入れていた。今、日本舞踊と言っているのは歌舞伎舞踊のことである。

のちに詳しく記すように、元禄期の踊子は歌舞伎舞踊を芸の規範にした。踊子はまた、歌舞伎の音楽も習得する。歌舞伎の音楽の主楽器は三味線なので、踊子は三味線音楽も習得したと言い換えてもよい。踊子は歌舞伎の舞踊と音楽（三味線音楽）を芸の規範としたのである。そのため、のちに踊子は芸者と呼ばれるようになる。

そこで、この章は歌舞伎の舞踊・音楽がどのように大衆化したのかについて記したい。

元禄時代（17世紀末）になると、経済力が向上し、金持ちの庶民も現れる。庶民の経済力の向上を背景に、歌舞伎・浮世絵・浮世草子（小説の一種）などの庶民文化が花咲く。

現代の歌舞伎は、子役を除いて、女性の役も含めすべての役を大人の男性が演じる。そのような形の歌舞伎が成立したのは元禄時代である。換言すると、歌舞伎の第一次大成期は元禄時代である。

元禄歌舞伎の特徴の一つに場面類型の成立があげられる。その場面類型を「〇〇事」と言ったが、場面類型の例に和事《わごと》（和か事《やわらごと》）・荒事《あらごと》などがある。

若衆歌舞伎から野郎歌舞伎（前髪を落とした男が演じる歌舞伎）に変化した後も、歌舞伎は短編（放れ狂言）を何本か並べて上演していた。主演役者の得意芸を軸にした短編を上演していたのだが、その主演役者の得意芸を〇〇事と言ったのである。そのことは続き狂言になってからも変わらず、要所に主要出演者の得意芸を配置して作品を組み立てた。

〇〇事の一つに「所作事《しょさごと》」があった。「所作」は元々、「おこない」「ふるまい」「行為」「しわざ」をいう語だったが、「身振り」「しぐさ」「動作」「身のこなし」の意にも使うようになった。その所作という語を中世の芸能の能・狂言が「演技としての身振り」「物真似性の強い身体行動」の意で使った。江戸時代に入ると、歌舞伎は所作という語を「物真似的な身のこなし」「職人の動きを模倣した舞踊的動き」の意で使うようになる。つまり、舞踊場面を所作事と言ったのである。

所作事という語の初見は貞享四（1687）年刊の野郎評判記『野良立役舞台大鏡《やろうたちやくぶたいおおかがみ》』と思われる。すなわち歌舞伎は、貞享期またはその前の天和期（〜1684年）から所作事という語を使うようになったのだろう。

元禄歌舞伎の場面類型に「振事《ふりごと》」もあった。「振り」は本来、「ふるまい」「挙動」「しぐさ」「身振り」「様子」「風」「なりふり」を言ったが、その語を歌舞伎も使うようになり、「舞踊場面の物真似的しぐさ」を振事というようになる。

のちに歌舞伎は人形浄瑠璃を歌舞伎化するようになる（義太夫狂言などと呼ぶ）。義太夫狂言の「道行」も舞踊的な演技をする。道行の原意は「道を行くこと」。転じて「旅」の意になった。道行は日本芸能に特有の場面で、能・狂言にも人形浄瑠璃にもある。

出雲のお国たちの芸能をかぶき踊りと言ったように、歌舞伎舞踊は踊りから出発、のちに舞の要素、振りの要素も取り入れ、踊り・舞・振りの三つの要素から成り立つようになる。つまり、歌舞伎の舞踊および舞踊的場面を所作事・振事・道行という。

2、振付師の誕生

野郎歌舞伎時代の歌舞伎の舞踊場面は、それぞれの役者が自らの考えに基づいて踊っていたのだろう。元禄期になると、所作事の特に群舞の場面は振り（動作・所作）を揃えたほうがよいという考え方が生まれ、所作事の役者の動き（所作・振り）を考案する専門家が生まれた。

子どもに踊りを教える日本伝助　『舞曲扇林』挿絵より

そして、所作事の役者の動きを決める専門家を振付師というようになる。

振付という語の初出は元禄五（１６９２）年刊の役者評判記『役者大鑑』の立役・吉田六郎次の評で、「此人ひやうしきゝにてかるはずみ。しかのみならず、ふりつけが上手なるゆへ、ふりつけのいるきやうけんなれば、座中の役者しゆにさしずし給ふよしきゝおよびをはんぬ」と出てくる。

享保《きょうほう》期（１７１６〜３６年）くらいまで、歌舞伎も含む文化・芸能は上方（京・大坂）が先進地だった。元禄二（１６８９）年以前成立の初代河原崎《かわらさき》権《ごん》之助《のすけ》『舞曲扇林《ぶきょくせんりん》』に日本《にっぽん》伝助が踊りを教えている姿が描かれている。その伝助が最初の振付師とされる。伝助は大坂の立役、竹嶋《たけしま》幸《こう》左《ざ》衛門《えもん》

（?～1712年）の父親で、貞享年間（1684～88年）に上方で活躍した。

江戸歌舞伎の役者も初期は上方下りの人が多かった。『役者大鑑』に出てくる吉田六郎次も元は上方の役者で、元禄一三（1700）年に江戸へ下り、宝永元（1704）年から正徳《しょうとく》四（1714）年まで山村座の振付師を務めた。同年に起きた絵島生島《えじまいくしま》事件で山村座が取り潰されたため、森田座に転じ、享保七（1722）年まで森田座の振付師を務めた。

江戸の最初の振付師は志賀山万作《しがやままんさく》（生没年不詳）と初代中村伝次郎（1673～1729年）とされる。万作と初代伝次郎の動向を伝える史料は、安永～天明期（18世紀後半）の名優で、志賀山流の家元も兼ねた初代中村仲蔵《なかぞう》（1736～90年）の『月雪花寝物語《つきゆきはなね》』『秀鶴随筆』、幕末～明治の役者・三代中村仲蔵（1809～86年）の『手前味噌《てまえみそ》』しかない。

初代仲蔵と三代仲蔵の記録はいくつかの点で違っている。例えば、三代仲蔵は万作と初代伝次郎は同一人物としているが、初代仲蔵は初代伝次郎を万作の弟子としている。時代の近い初代仲蔵の説が真相に近いと思われるが、初代仲蔵の『月雪花寝物語』『秀鶴随筆』などによると、万作と初代伝次郎は次のような人物だったらしい。

万作は元々、能の喜多流の鼓打ちだったが、喜多流の太夫に無断で大名が催した能のシテ方を務めたため破門され、歌舞伎の囃子方《はやしかた》に転じ、松川庄之助と名乗り、中村座の専属となった。

喜多流の舞をよくした庄之助は、中村座の座元・四代中村勘三郎に勧められて振付師になり、志賀山万作と名乗った。そして、元禄の初め、二丁町《にちょうまち》（堺町《さかいちょう》・葺屋町《ふきやちょう》）の隣の和泉町《いずみちょう》（中央区日本橋人形町三丁目）に素人（一般人）を教える稽古場を開いたという（志賀山流は万作を流祖としている）。

万作の弟子の（万作の子という説もあり）初代中村伝九郎（前の四代中村勘三郎）に入門、伝次郎の名前を貰《もら》い、中村座の振付師として活躍した。振付師は下級の役者が務めたが、下級の役者は劇場から貰う給金は安い。そのため、アルバイトで、素人に歌舞伎舞踊を教えた。伝次郎の名は正徳三（1713）年の役者評判記から消えているので、伝次郎は正徳三年に役者を辞め、劇場の振付を行うと同時に素人に歌舞伎舞踊を教えることに専念するようになったのだろう。つまり玄人である歌舞伎の役者が素人に歌舞伎の踊りを教えることは、その二つ前の年号である、元禄年間くらいから始まったと思われる。

初代伝次郎は享保一四（1729）年に歿し、伝次郎の後妻とみられるお俊が志賀山流の家元を継いだ。その後、初代伝次郎の二男、金蔵が伝次郎の名前と志賀山流家元の座を継ぐ。二代伝次郎も劇場の振付師と志賀山流の家元を兼ねた。

二代伝次郎は振付の名人で、長く中村座の振付師として活躍した。延享元（1744）年に初

水木辰之助の鑓踊り
清信『風流四方屏風』
国立国会図書館ウェブサイトより

演された初代瀬川菊《きく》之丞《のじょう》の『百千鳥《ももちどり》娘道成寺』も二代伝次郎が振り付けたと伝えられる。二代伝次郎の振付は、舞踊流派・藤間《ふじま》流の振付にも影響を及ぼしたとされる。

宝永五（1708）年刊の森田座の番付（プログラム）に振付師の名前が出てくる。これが番付に振付師の名前を書くようになった最初である。つまり、振付師という職掌が確立したのは宝永期である。

3、元禄期の踊子の芸

歌舞伎舞踊の専門家である振付師から舞踊を習う踊子も現れる。例えば、享保三（1718）年刊の浮世草子『猿源氏色芝居』に、「そのころのまひ子（舞子）中間に、少しめとて十七・八の恋しり、さる所の町人の手にそだち（育ち）けるが、ちゑ（知恵）といひ器量といひ、十人にすぐれてしかも利発のあまり、水木が七ばけ、沢《さわ》之丞《のじょう》が浅間《あさま》のおんれう（怨霊）、こんくわい

（今回）の鑓《やり》おどりのと、おそらくしらぬ（知らぬ）事なき番かずに」とある。

『猿源氏色芝居』に出てくる「水木が七ばけ」は初代水木辰之助《みずきたつのすけ》が元禄一〇（1697）年に初演した七化け《ななばけ》（七つの役を踊り分ける舞踊）のこと。一人の役者がいくつかの役を踊り分ける、のちの変化《へんげ》舞踊の嚆矢《こうし》である。「沢之丞」は荻野《おぎの》沢之丞、「浅間のおんれう」は信州・浅間神社の伝説を歌舞伎化した浅間物に出てくる生霊《いきりょう》。沢之丞は元々、上方の女方で、元禄五（1692）年に江戸へ下り、浅間物も演じた。「鑓おどり」は元禄八（1695）年の『四季御所桜』の中で辰之助が初演、大評判を取り、俳諧師の其角《きかく》は「煤掃《すすはき》や諸人がまねる鑓踊《やりおどり》」という句を詠んだ。「七化け」も「浅間物」「鑓おどり」も元禄後期の歌舞伎舞踊のヒット作である。

つまり、元禄後期～享保初期の踊子は、辰之助や沢之丞など、歌舞伎の女方が踊って大ヒットした歌舞伎の舞踊を踊っていた。

江戸時代に最も流行っていた芸能は歌舞伎だったので、踊子＝芸者は武家屋敷や料理茶屋における宴会で歌舞伎の音楽を演奏し舞踊を踊ったのである。

二、歌舞伎の音楽

1、三味線の使用

歌舞伎音楽の演奏者を長唄囃子連中という。さらにいうと、長唄囃子連中は長唄連中と囃子連中に分かれる。長唄連中は三味線方と唄方で構成され、囃子連中は能・狂言の楽器である四拍子（大鼓・小鼓・笛・太鼓）のほか、琴など江戸時代に存在したすべての楽器を演奏し、現代演劇でいう効果音にあたる雨音・風音なども担当する。

つまり、歌舞伎の主楽器は三味線である。三味線の魅惑的な音色が江戸時代の人々を惹《ひ》きつけて、歌舞伎は江戸時代を代表する芸能に成長した。逆にいうと、三味線は、歌舞伎の主楽器になったことで大衆的な人気を得、江戸時代を代表する楽器になった。

三味線の原型は中国南部（福建省辺り）の楽器・三絃《サンシエン》で、14世紀くらいに琉球《りゅうきゅう》（沖縄県）に伝来したらしい。そして、永禄年間の初め（1558または1559年）に泉州（大阪府南部）堺へ伝わった。

歌舞伎のルーツである、出雲のお国たちの楽器は、能・狂言と同じ、四拍子だった。『東海道名所記』の巻六にお国たちの踊りを見物した時の印象が書かれているが、その中に「其時は三味線はなかりき」と出てくる。つまり、中世の楽器と変わらなかった。

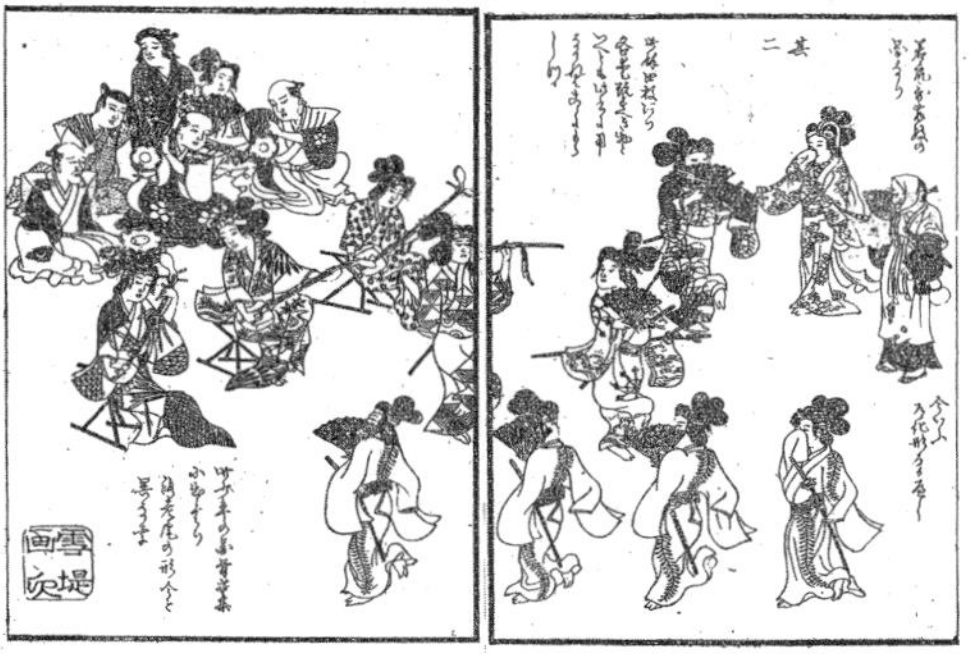

若衆歌舞伎　『聲曲類纂』挿絵より

ところが、お国たちの踊りを模倣して興った遊女歌舞伎は、輸入されたばかりの新しい楽器である、三味線を使った。遊女歌舞伎が三味線を使うようになった時期は慶長の末年から寛永の初年にかけて（1610～20年代）と推測される。

慶長一九（1614）年刊の三浦浄心《みうらじようしん》『慶長見聞集』に、鼓や笛など従来の楽器に交じって、「何丁もの三味線が鳴り響き、伽羅《きやら》（香木）を焚《た》きしめた豪奢《ごうしや》な着物を纏《まと》った女たちが裾を翻して踊った」（現代語訳）とある。

遊女歌舞伎を描いた肉筆画がいくつか遺っているが、

三味線はそれにも描かれている。遊女歌舞伎と同じ頃に興った若衆歌舞伎も三味線を使った。つまり歌舞伎は、遊女歌舞伎・若衆歌舞伎の時代から、三味線音楽を使い始めたのである。

若衆歌舞伎はのちに、大人の男性が演じる野郎歌舞伎に変化し、元禄時代に現代に繋がる形が成立する。歌舞伎が時代を代表する芸能に成長できたのは三味線の魅力も大きい。

2、長唄の成立

日本の歌謡は「うた（謡・歌・唄）い物」と語り物（浄瑠璃）に大別できる。歌舞伎は初期から唄と浄瑠璃の両方を自らの音楽としてきた。

例えば、文化七（1810）年刊、柴村盛方《しばむらもりかた》の随筆『飛鳥川《あすかがわ》』に、「浄瑠理（璃）昔は永閑節《えいかんぶし》はやると云。いつ頃にや。土佐・外記《げき》・大薩摩《おおざつま》・又義太夫など流行。元文の頃、豊後節《ぶんごぶし》はやる。此豊後節にて、世の中の風俗悪しく成りしと云。長歌といふはやる。松島庄五郎・坂田兵四郎と云上手有り。庄五郎は四谷せんざい場の呼込役とぞ（てイ）声すぐれてよき故、人の勧めにて唄うたひになる」と出てくる。

永閑節から大薩摩節までは江戸時代初期から中期までの語り物（浄瑠璃）。義太夫節・豊後節も浄瑠璃（語り物）の一種で、これについてはのちに詳しく述べる。長歌は長唄。

前述したように、江戸時代初期の文化の先進地は上方（京・大坂）だった。地域としての江戸の歌舞伎の音楽も、元禄期（17世紀末）くらいまで、上方から下った者が担ってきた。

猿若座（のち中村座）の猿若勘三郎（初代中村勘三郎）も山城（京都）生まれで、元和八（1622）年に江戸へ下ったとされる。その弟・勘五郎も兄と共に江戸に下った。初期の歌舞伎は役者と音楽演奏者が分かれておらず、役者が音楽も演奏していたとみられる。三味線の名手だった勘五郎は、寛永一〇（1633）年、囃子方に転向、杵屋《きねや》勘五郎を名乗った、とされる。つまり、寛永以降に、役者と音楽演奏者が分離したのだろう。

長唄は、初代勘五郎の孫、三代勘五郎が貞享元（1684）年に中村座で、門人に歌わせたのが始まりとされる。ただし、これは伝説の類で、史料の裏付けはない。

元禄一六（1703）年、番付（プログラム）に初めて、三味線方・杵屋喜三郎の名が載る。元禄期の江戸歌舞伎は「うた」「小《こ》うた」と呼ばれる唄を使っていた。小うたは「歌詞の短い唄」の意。なお、「うた」という語は、上方では主に「歌」、江戸では主に「唄」と表記した。

宝永元（1704）年から、番付に江戸長唄と表記されるようになる（当時は音楽ジャンルの前に都市名を付ける習慣があった）。つまり、元禄期以降、長い歌詞を持つ芝居唄が現れ、宝永の頃（1700年前後）から芝居唄を長唄と呼ぶようになった。

元禄期から歌舞伎の舞踊を素人が習うようになった（前述）。同じ元禄期、歌舞伎の音楽（のちの長唄）を素人が習うようになる。例えば、享保一三（1728）年刊、大道寺友山《だいどうじゆうざん》の『落穂集《おちぼしゅう》』に「野も山もおどり子三味線ひき斗《とます》（一〇升容《い》れる桝《ます》）のごとく罷《まか》り候は、元禄年中以来の儀にても、これあり候や」と出てくる。

江戸では享保期（18世紀前半）まで、女方（女形）も上方出身者が人気を集めていた。享保一五（1730）年、上方の女方、初代瀬川菊之丞（1693?～1749年）が江戸に下り、翌享保一六（1731）年には初代中村富十郎（1721～86年）も江戸に下る。

歌舞伎の舞踊場面は当時、女方の持ち場になっていたようで、女方舞踊の地《ぢ》（伴奏音楽）に長唄が使われていた。例えば、上方下りの女方、初代菊之丞が享保一六年正月、江戸・中村座で初演した長唄舞踊『傾城無間《けいせいむけん》の鐘』（その改作が『百千鳥娘道成寺』）も、同じ上方下りの女方、初代中村富十郎が宝暦三（1753）年三月に中村座で初演した『京鹿子《きょうかのこ》娘道成寺』も地は長唄である。この時期の長唄は女方舞踊の伴奏音楽として使われたため、女性的で繊細な曲調だった。

享保末期（1730年代）になると、長唄の前に付いていた都市名も取れ、単に「長唄」と表記されるようになる。そして、長唄は女方舞踊の伴奏曲として洗練されていく。

享保期も江戸歌舞伎の音楽演奏者は上方下りの人が多かった。長唄の唄方、坂田兵四郎（1702〜49年）は上方和事（和《やわら》か事）の名優・初代坂田藤十郎の甥《おい》とされる。兵四郎は初代瀬川菊之丞と一緒に江戸へ下り、前述の『無間の鐘』も兵四郎が唄い好評を博した。

しかし、次第に江戸生まれの音楽演奏者も現れる。兵四郎と並ぶ、享保末期〜宝暦期の長唄唄方の名人・松島庄五郎（?〜1764年?）は、せんざい場（青物市場）で呼び込みをしていた、と伝えられる。美声だったため、勧められて長唄の唄方になったという。

ちなみに、三味線の棹《さお》は細棹・中棹《ちゅうざお》・太棹の三種類。棹によって音程が異なるが、長唄の使う細棹は音程が高いため華やか、義太夫節の使う太棹は音程が低いため重厚、常磐津節《ときわづぶし》などの江戸浄瑠璃が使う中棹は細棹と太棹の中間である。

初代瀬川菊之丞
春章『娘道成寺』東京国立博物館蔵
出典：ColBase（https://colbase.nich.go.jp/）

3、豊後節系統の江戸浄瑠璃

儒学者・太宰春台《だざいしゅんだい》（1680〜1747年）の著書『独語《ひとりがたり》』に「寛文・延宝の比《ころ》（1661〜81

年）迄の（江戸の人形）浄瑠璃は、皆昔物語（時代物）を演ぜし故に、詞やさしく綴《つづ》りなして、あはれにをかしきことも多かり。淫声（淫らな音楽）といひながら、忠臣孝子義士節婦のことを云へれば、愚なる小人女子も是を聞きて感じあへり。元禄（1688〜1704年）の比より、稍《やや》ますます俗に近くなりて、淫靡の声多し。宝永（1704〜11年）の頃、京の浄瑠璃師、江戸に来りて、鄙俚猥褻《ひりわいせつ》なる浄瑠璃を唱へしより、江戸の人、是を面白きこと、思ひて興じけるに」「江戸の浄瑠璃は、本より武家の好みに合わせたる故に、詞も節もいさめ（勇め）るやうにてつよ（強）みあり。京難波の浄瑠璃は、声哀しくふる（震）びよわ（弱）げ多し」「宝永の比、京より一中と云ふ浄瑠璃師来りて、京の浄瑠璃を弘《ひろ》めしより、江戸の人、や、是をよろこびあへりしに」とある。

「宝永の頃、京から下った浄瑠璃語り」は都太夫一中《みやこだゆういっちゅう》（1650〜1724年）を指すが、正確にいうと、都太夫一中が江戸に下ったのは宝永の次の年号、正徳五（1715）年である。

宝永期から一世紀ほど前の江戸時代初期まで武士たちは戦争をしていた。人口の半数を勇猛な武士が占めていた江戸では荒々しい浄瑠璃が好まれた。一方、京は中世までの首都で貴族文化の地、大坂は商人の町だったので、恋愛譚《たん》などが好まれた。

江戸の人口は、元禄年間には一〇〇万に近づき、享保年間（1716〜36年）に一〇〇万を超えた。上方の音楽演奏者からすれば、江戸は人口の多い魅力的なマーケットだった。また、江戸の住民は、文化の先進地だった京の文化に憧れていたので、享保期まで、有名な女方も、音楽演奏者も、上方から江戸に下った人たちが占めていた。

都太夫一中が江戸へ下ってから一五年後の享保一五(1730)年、京の浄瑠璃語り・宮古《みやこ》路国太夫半中《じくにたゆう》が初めて江戸に下った。国太夫は都太夫一中の弟子で、半中とも和中とも言われたが、半中(和中)の語る浄瑠璃は宮古路節とも国太夫節とも言われ、江戸でも人気を得た。

『独語』は国太夫について、「享保の初に、また難波の浄瑠璃師来りて、かなたなる俗調を弘めしほどに、江戸の人、いよいよ是を好みて、江戸の旧《ふる》き浄瑠璃を捨てゝ、ひたすらに、京・難波の浄瑠璃を習ふ」と述べている。

しかし、翌享保一六(1731)年一一月、「風儀に悖《もと》る」という理由で、国太夫の劇場出演は禁止されてしまい、国太夫は一旦、上方に帰る。

享保一九(1734)年、国太夫は再び江戸へ下り、同年末、豊後掾《ぶんごのじょう》を受領《ずりょう》する(受領は国名に「掾」の付いた名前を名乗ることを許されることをいう)。豊後掾の浄瑠璃は豊後節と言われ、大流行する。特に元文期(1736~41年)から延享期(1744~48年)に至る時期の流行は凄《すさ》まじかった。

享和二（1802）年の自序がある、森山孝盛の『賤《しず》のをだ巻』に「豊後ぶしの浄瑠璃は、元文三（1738）年頃より流行いでたりといへり。延享の頃は頻《しき》りに流行て、しかも今の如き高上風流に作りたる（高尚な）文句にはあらず。ひらたき事のみをいひつゞけたる（わかりやすい平易な）文句なり。河東節《かとうぶし》、半太夫ぶしも、まだ残りて流行たり」「豊後節も次第に高上になり、文句も昔よりは風流になりて、芝居の所作出語りといへば、いつも常磐津文字太夫とて、男もよく、声もよく上手にて、いつも其狂言当りたり」と出てくる。

『賤のをだ巻』には、「豊後ぶしを語る遊女の、京より吉原へ下りて、殊の外流行て、万客昼夜を争ひたりといふ事を、子供の時聞たり」というくだりもある。京下りの遊女が豊後節を語って、吉原でも大流行したのである。

続けて『賤のをだ巻』は「その頃（元文期）は心中にて相対死（心中）も稀《まれ》には有りけり。殊に大坂には古より多しといへり。されば豊後節の心中を作りたる浄瑠璃は、大抵は、京・大坂のことなり」と書いている。上方では元禄期（17世紀末）以降、心中が大流行したが、豊後掾は近松門左衛門《もんざえもん》作の心中物を得意にして、情事の場面を煽情《せんじよう》的かつ艶冶《えんや》に語った。

元文元（1736）年、上方から江戸に下った豊後掾の高弟・宮古路文字太夫《もじたゆう》（1709〜81年）は市村座に出演していたが、奉行所に興行中止命令を受けてしまう。

翌元文二（１７３７）年、豊後掾は上方へ帰り、以降、上方の劇場で語るようになる。江戸の劇場では心中物が語れない、と判断したのではないか。

元文四（１７３９）年一〇月、江戸で、豊後節の弟子たちに対して、①教えてはいけない、②浄瑠璃会（演奏会）を催してはいけない、という禁令が出される（『正宝事録《しょうほうじろく》』による）。また翌元文五年五月にも前年と同じ禁令が出される。逆にいうと、二回も禁令が出されるほど豊後節は江戸で流行した。

江戸浄瑠璃出語り
清長『出語り・四代目岩井半四郎の小春と三代目沢村宗十郎の次兵衛』東京国立博物館蔵
出典：ColBase（https://colbase.nich.go.jp/）

しかし、豊後掾の弟子の文字太夫は江戸に留まり、延享四（１７４７）年に常磐津節を創始、常磐津文字太夫を名乗り、人気を集める。また、文字太夫の脇語り、宮古路小文字太夫も翌延享五＝寛延元（１７４８）年に富本節《とみもとぶし》を創始、富本豊志太夫《とよしだゆう》を名乗り、人気を得る。

古くから江戸に存在した浄瑠璃（前述）と、豊後節の系統の新しい江戸浄瑠璃、常磐津節・富本節に加えて、のちに富本節から分かれて創始される富本斎宮太夫《いつきだゆう》（のち清元延寿太夫《きよもとえんじゅだゆう》。1777〜1825年）の清元節などを総称して江戸浄瑠璃という。

三、歌舞伎舞踊・音楽の大衆化

1、町人の歌舞伎舞踊習得

元禄時代から歌舞伎の役者が素人に歌舞伎の舞踊・音楽を教えるようになる（前述）。以降徐々に、歌舞伎の舞踊・音楽に魅了され、それを習得する素人（一般人）が増えていく。

元禄八（1695）年刊の菱川師宣《ひしかわもろのぶ》画の絵本『和国百女《わこくひやくにょ》』に「われ人、きりやう（器量）すぐれて生まれつきしむすめ（娘）をもちては、琴やさみせん（三味線）おどり（踊り）うた（歌・唄）こまい（小舞＝狂言の中の短い舞）あるひは能、しまい（仕舞）などをならは（習わ）せて、そのみ（身）のげい（芸）のきやう次第に、うへつかた（上つ方）へめし（召し）出され」とある。

「器量良く生まれた娘」の身分について書いていないが、下級武士の娘を指すと思われる。というのは、能・狂言は武士の芸能なので、武士の娘でなければ小舞は舞えない。

尾張藩士・朝日重章《しげあき》の『鸚鵡籠中記《おうむろうちゅうき》』の正徳四（１７１４）年の条にも「牛込原町《うしごめはらまち》末に御鑓《おやり》同心《あしがる》（下級武士）の屋敷有り、娘持ち候者は、専《もつぱら》三絃・小歌等を稽古させ、諸大名へおどり（踊）子なんどに出し、間々玉のこし（輿）にの（乗）るの類《たぐい》有り」とある。

大名など、位の高い武士の奥方や姫は、することがなく、暇を持て余していた。奥方や姫の慰めになるので、三味線の演奏ができたり、唄がうまかったり、上手に踊れたりすると、武家屋敷に就職し易かったのである。

江戸名物鹿子
『江戸名物鹿子』挿絵より

享保一八（１７３３）年刊の絵本『江戸名物鹿子《かのこ》』の中に三味線を持った踊子が描かれている。ということは、享保年間になると、三味線が普及、三味線を得意とする踊子も増えてきたのだろう。

角書《つのがき》（小文字で二行に分けて書かれている、鬼の角のようなタイトル）に「寛保・延享」とあるように、元文～延享（18世紀半ば）の風俗を記録した『江府《こうふ》風俗

踊りの稽古
国周『潤色三十六花撰・いずみや愛子』
国立国会図書館ウェブサイトより

志』に、「延享（1744～48年）の頃までは、町人の娘が歌舞伎の踊りを習うことは稀で、神田・中橋・芝辺りの、鳶頭《とびがしら》・芝居者・薬売りの娘などが少しいただけだった。当時は珍しかったので、諸大名の奥向きに呼ばれ、歌舞伎を上演して、謝礼を貰って、糊口《ここう》を凌《しの》いだ。そのうち、大名家に召し抱えられる者も現れたので、娘を持っている親は我も我もと踊りを習わせた。金持の町人も娘に踊りを習わせて祭りの踊り屋台に出し、誰それの娘と賛美されるのを喜ぶ輩も現れた。踊りが上手だったため、武家屋敷に抱えられ、中には大名の妾になった娘もいて、その親はお部屋様（大名の子を産んだ女性）の親御様と崇《あが》められた。このように（歌舞伎舞踊は）大流行で、今は武家・町人とも踊らない者はいない」（現代語訳）と出てくる。

『江府風俗志』は、延享の頃（18世紀半ば）までは踊りを習う娘は稀だった、と言っている。

逆の言い方をすると、延享の頃になると歌舞伎の踊りを習う素人娘が多くなったのである。

歌舞伎は成立した時から商業芸能・職業芸能で、商売として歌舞伎を上演していた。商業芸能だったので、客を呼べる大物役者は高い給金が貰えたが、脇役や新人は薄給だった。そのことは現代も同じで、江戸時代も現代も、歌舞伎はピラミッド型の給金体系になっている。

しかし、演劇は主役だけでは成り立たない。興行主である座元は、脇役も生活していけるよう配慮しなければならない。そのため、振付師は脇役の職掌になり、アルバイトとして、素人（一般人）の弟子を取って踊りを教えるようになった。歌舞伎音楽の演奏者も劇場出演だけでは食べていけないので、素人に歌舞伎音楽を教えた。また、小さい頃から踊りや三味線音楽を叩《たた》き込まれていた、脇役の女房や娘も、素人に歌舞伎の舞踊・音楽を教えて生活費を稼いだ。こうして、元禄から半世紀下った寛延〜宝暦期（1748〜64年）になると、素人の娘たちが歌舞伎の舞踊や音楽＝三味線音楽を習うことは珍しいことではなくなったのである。

2、町の音曲の師匠

元禄三（1690）年刊の『人倫訓蒙図彙《じんりんきんもうずい》』に「れきれき（歴々）のおくかた（奥方）へも出入、又はいとけなき娘子に琴三味線をおしへ侍れば、みもち（身持）きゃしゃにありたきものなり」と出てくる。

享保八（１７２３）年刊、西川祐信《すけのぶ》画の絵草子『百人女郎品定《ひやくにんじよろうしなさだめ》』に、二人の瞽女《ごぜ》（盲目の女性）が三味線・琴を演奏して唄を唄い、二人の踊子が踊っている姿が出てくる。平家琵琶などの音楽は古来、盲人の職業だった。武家は享保期（18世紀初め）くらいまで瞽女を抱えていた。

ところが、瞽女を抱える武家は減少し、盲人が演奏する楽器も琵琶から琴や三味線に変化する。瞽女も歌舞伎の音楽を演奏し教えたのである。逆にいうと、武家の女性は次第に盲人の女性から琵琶や琴を習わなくなった。一方、一般女性や芝居者（役者など）の家族も武家屋敷に出入りして、三味線音楽を演奏し、奥女中などに三味線を教えるようになる。

例えば、寛保～延享（18世紀半ば）の風俗を記した『江府風俗志』も、「此頃（寛保～延享期）迄は大名奥がたには、琴のみにて、さみ引女中はまれ也。夫故三味線はけんぎやう、かうとう抔《など》出入事にて、かゝへ女中にはまれなり」とある。

時代が半世紀ほど下った、天明二（１７８２）年に江戸・外記座《げきざ》で初演された『近頃河原達引《ちかごろかわらのたてひき》』（通称『おしゅん伝兵衛』）という人形浄瑠璃（作者不詳）がある。この操り芝居は元禄期（17世紀末）に京で起きた心中事件の劇化作（のちに歌舞伎化）だが、その「堀川の段」に猿廻《さるまわ》し与次郎・遊女おしゅん兄妹の母である盲人が近所の娘に琴・三味線を教える場面が出てくる。

つまり、古くから琵琶・琴など音楽の演奏・教授は盲人の職業だったが、元禄期から延享期にかけて、その楽器は琵琶・琴から三味線に変化し、享保期（18世紀初め）から延享期（18世紀半ば）になると、瞽女は武家屋敷からほとんど姿を消す。

享保一〇（1725）～一二（1727）年頃、徳川吉宗が極秘で、儒者の荻生徂徠《おぎゅうそらい》に下問したが、下問に対する徂徠の返答がなぜか流出した。その返答はのちに『政談』と名付けられたが、その中に「貴賤共に女の所業の事」という項目があり、徂徠は「大名の妻ほど、でたらめなものはない。……三味線を弾いたり踊るのを平常の娯楽としている」と返している。つまり、享保期になると、大名の妻も三味線を嗜《たしな》むようになっていた。

幕末の嘉永《かえい》六（1853）年頃成立した百科事典『守貞謾稿《もりさだまんこう》』（前出）に、「守貞云《いわく》、女子三絃浄瑠璃を専と習ふこと、既に百余年前よりの習風也。今世益《ますます》此風にて、女子は七・八歳よりこれを学ぶ、母親は特に身心を労して師家に遣《や》る」とある。このくだりを書いた時期を弘化《こうか》年間（1844～48年）とすると「百余年前」は寛延～宝暦期（18世紀半ば）になる。

3、長唄・江戸浄瑠璃の稽古所

江戸時代はさまざまな評判記が出版された。役者の芸を評価した冊子に役者評判記がある。

明和期は「娘」がブームで、娘評判記が刊行されたものの、明和六（1769）年に発禁となった。大田南畝《なんぽ》の『半日閑話《はんにちかんわ》』に「此節娘評判甚《はなは》だしく、評判記など写本にて出る。読売歌仙などにして売り歩く。公より是を禁ず」とある。

娘評判記は、茶屋娘など、「娘」をネタにした商業出版物である。大概は一枚または二枚摺《ず》りの簡単な刊行物で、さまざまな娘の評判を掲載した。

『寸錦雑綴《すんきんざつてつ》』に「明和六己丑、大江都に名高き妓女或《あるい》は茶店の少女を集めて、見立三十六歌仙と云ひて売りありきし」とある。平賀源内の『風流志道軒伝《ふうりゆうしどうけんでん》』に「女の子が流行っている」と出てくるが、この女の子と娘は同義語である。先ほど、括弧つきで「娘」と書いたが、純粋な素人娘という意味ではない。のちに、明和期の芸者について書くが、明和期の芸者は素人娘が建前だったが、売春していた者もいたようだ。茶屋娘も同様である。

茶汲《ちやく》み娘で、特に有名だったのは、谷中《やなか》・笠森《かさもり》神社・鍵屋のお仙、浅草・楊枝屋・柳屋のお藤《ふじ》、同・蔦屋《つたや》のお芳《よし》ら。浮世絵師・鈴木春信は鍵屋のお仙を描いた。

芸者名の前に町名が書いてある『あづまの花軸』は町芸者の評判記で、歌舞伎の女方役者に準《なぞら》えて町芸者を紹介している。その中に、「義太夫の大めいじん、長うたさみせんおどりの上手」「三絃ぶんごの大めいじん」「めりやすのめい人」「長うた義太夫小どもめきて一興あり」

と出てくるが、これによって当時流行していた音楽の流派がわかる。

「めりやす」は長唄の一つで、色模様・髪梳《かみす》き・愁嘆場・述懐など、動きの少ない場面で演奏される、短編の抒情的な独吟。現代まで伝わる最古のメリヤスは享保一六（1731）年に中村座で坂田兵四郎が唄った『無間《むけん》の鐘』とされる。

享和二（1802）年刊、森山孝盛の『賤のをだ巻』（前出）に、「其頃専ら（常磐津節などの豊後節系統の浄瑠璃が）世に鳴りて、素人芸にても名を貰て、女は、文字江、文字松などとて、此間女客などの馳走《ちそう》に雇はれてあるきたり」と出てくる。

「其頃」は安永～天明期（18世紀後半）。「安永～天明期になると江戸の町に常磐津節の稽古所ができて、弟子たちは家元の文字太夫に因む『文字』の付いた名前を貰い、女の弟子は（武家屋敷など）女性たちの前で演奏するようになった」と言っている。

道化方・松島茂平次の娘（初代市川八百蔵《やおぞう》の妹）のおるや（のちに、お砂）も三味線の名手で、素人に三味線を教えた。おるやは中村伝蔵（のち二代市川八百蔵）に嫁ぎ、二代八百蔵の没後、五代市川団十郎との「不倫」騒動で世の中を賑わしたが、詳しく書く紙幅はないので、興味ある方は拙著『団十郎とは何者か』（朝日新聞出版刊）を読んでいただきたい。つまり、三味線、唄・浄瑠璃、踊りの教授は歌舞伎役者の娘・妻の仕事になっていたのである。

常磐津の稽古
歌麿「常磐津の稽古」東京国立博物館蔵
出典：ColBase（https://colbase.nich.go.jp/）

天明・寛政期（18世紀末）には、江戸市中で三味線音楽を教える女師匠がかなりの数になっていたようで、『御《お》触書天保《ふれがきてんぽう》集成』によると、奉行所は寛政一〇（1798）年二月、「町中で、唄浄瑠璃、三味線を教えている女がいるが、中には淫らな者もいる。女師匠は、武士はもちろん、町人の男に対しても稽古をつけてはならない」（現代語訳）と通達した（のちの「寛政の改革と芸者」の項に詳述）。

嘉永年間頃に成立した随筆『真佐喜《まさき》のかつら』の中に、天保一五（1844）年の話として、「常磐津名取の男女門人六百四拾人余、また弟子ども凡《およそ》六千百人ほど」と出てくる。名取は家元から常磐津姓を名乗ることを許された者をいう。常磐津節家元・常磐津文字太夫の直弟子が六四〇人余、名取が教えている孫弟子の合計が六一〇〇人余というのである。

弟子のほとんどは江戸とその周辺の住人と思われる。幕末の江戸の庶民人口は五〇万人ほど

（ほかに、武士人口が五〇万人余など）なのに、六一〇〇人もの人が常磐津節を習っていた。

4、江戸の義太夫節とその稽古所

これまで、三味線音楽などの音曲・踊りを教える場所を稽古所と書いてきた。これは江戸の言い方で、稽古屋・指南所とも呼ばれた。

享保一八（1733）年頃、大坂の義太夫節の太夫（語り手）・豊竹《とよたけ》新太夫が江戸に下った。これが江戸における義太夫節の始まりとされる。

江戸時代は何をするにも幕府の許可が必要で、芸能の興行をするには興行権が必要だった。杉山肥前掾《ひぜんのじょう》は江戸で人形浄瑠璃を興行する権利を保有していた。新太夫は元文三（1738）年にその名義を取得し、三代肥前掾を名乗る。

杉山丹後掾の長男・杉山肥前掾が始めた浄瑠璃を肥前節と言った。初代肥前掾は寛文・延宝（1661〜81年）頃、堺町で興行を始め、子の半之丞が二代肥前掾を継いだ。『大和守《やまとのかみ》日記』に二代肥前掾が登場するが、大名屋敷における興行は記載されているものの、劇場での興行は記録されていない。二代肥前掾の頃になると劇場で興行ができなくなっていたのかも知れない。

豊竹新太夫は肥前掾の三代目を名乗った。ということは、義太夫節の太夫が肥前節の太夫の名前を名乗ったことになるが、豊竹肥前掾を名乗り、肥前座を再興したのである。江戸の人形浄瑠璃の興行が大坂生まれの義太夫節の演奏で行われるようになったのである。

江戸の義太夫節の演奏者（人形浄瑠璃も歌舞伎も）は18世紀半ばまで、上方下りの人だけだった。三代肥前掾が江戸で義太夫節を拡げたことで、次第に江戸の素人も義太夫節を演奏するようになる。

小川顕道《けんどう》『塵塚談《ちりづかだん》』によると、義太夫節は宝暦〜安永（1751〜81年）以降、江戸でも流行するようになる（その頃の人形芝居の太夫はほとんどが大坂者だった）。

安永六（1777）年刊の洒落本《しゃれぼん》（小説の一種）『浄瑠璃稽古風流《ふり》』は女・子どもを対象とした義太夫節の稽古所をモデルとしている。義太夫節の稽古所が小説のモデルになったということは、義太夫節が江戸に伝わってから、四〇年ほどで、多数の素人が義太夫節を習うようになったということ。素人浄瑠璃を描いた落語に『寝床』があるが、この時期には『寝床』のような小説類がいくつも書かれている。

文政二（1819）年に刊行された『義太夫執心録』に「安永のはじめより江戸で女浄瑠璃が流行した。今の文政に至ってますます流行している」（現代語訳）とある。江戸の女浄瑠璃（主に義太夫節）は安永期（1772〜81年）から始まり、天明年間（1781〜89年）に第一次のピークを迎えた。

豊竹新太夫が江戸に下ってからほぼ二〇年後、宝暦五（1755）年の肥前掾の門弟帳が遺っている。それによると、宝暦五年の門弟数は一九六名で、うち一三名が女性である。『義太夫執心録』に初代竹本芝枡《しばます》（本名お伝）という女性が登場する。この芝枡が江戸における女義太夫の開祖とされる。『義太夫執心録』は芝枡を次のように紹介している。

お伝は芝二葉町《ふたばちょう》（港区新橋一丁目）に生まれた。宝暦四（1754）年、幼少のお伝は、銀座四丁目の川内太夫老人に手ほどきを受けるが、川内太夫が死亡したので、升太夫の門人になり、升太夫の「升」の字を貰い、出身地の芝二葉町に因んで芝枡を名乗る（その後、升太夫は受領し、丹後掾を名乗る）。

芝枡は三味線の名手で、どこに行くのも専用の駕籠《かご》で、大坂・四国・中国まで江戸紫と持《も》て囃《はや》されたという。武家屋敷に呼ばれた帰りには頂き物を釣台（板を台にした運搬道具）で運ぶほど。前代未聞の女芸人で、歌舞伎役者の四代瀬川菊之丞、四代沢村宗十郎《そうじゅうろう》、三代市川門之助《もんのすけ》などは芝枡を姉さんと呼んだほど。弟子の枡吉に名を譲った翌年、文化一三（1816）年五月に亡くなった。菩提寺は浅草三谷（山谷）千年寺である。

『義太夫執心録』によっていくつかの事がわかる。一つは、芝枡の本名はお伝であること。二

義太夫節の稽古所
絵師不詳『稽古所の賑ひ』（二枚続きの右）
国立国会図書館ウェブサイトより

つは、宝暦四年から義太夫を習い始めたこと。先ほど、宝暦五年の肥前掾の女弟子は一三人と書いた。芝枡は肥前掾の弟子ではなかったが、女性としてはかなり早い時期に習い始めたのである。三つは、芸名の謂《いわ》れ。四つは、女義太夫の開祖であること。五つは、歌舞伎役者が姉さんと呼ぶほどの伎倆《ぎりょう》であること。六つは、歌舞伎と女義太夫は深く交流していたこと。七つは、武家屋敷にも行って演奏したこと。八つは、弟子に名を譲ったこと。九つは、文化一三年に亡くなったこと。

宝暦四年、幼少のお伝は義太夫を習い始めたという。おそらく、寛延末期（1750年頃）の生まれだろう。文化一三年歿。ということは、七〇歳近くまで生きたと推定できる。

第Ⅲ章　踊子から芸者へ

一、踊子の拡がり

1、素人娘が踊子に

宝暦年間に美濃国《みの》（岐阜県）郡上《ぐじょう》藩で起きた大規模な一揆《いっき》（郡上一揆・金森騒動）を講釈（講談）にしたことで獄門に処せられた講釈師・馬場文耕《ぶんこう》は、宝暦六（1756）年に著した『当世武野俗談《とうせいぶやぞくだん》』に「元文（1736〜41年）の頃は、江戸中おどり子と云女有て、立花町《たちばなちょう》、難波町《なにわちょう》、村松町《むらまつちょう》を第一として、所々に有。素人の娘へ、三味せん、浄瑠璃を教へ込、歴々の慰として所々に有。留守居（後述）寄合の茶屋抔《など》へ遣し、芸者のやうにして、其母と称して附添出入しけり」と書いている。

立花（橘）町は現在の中央区東日本橋三丁目。難波（浪花）町は元吉原があったところで、現在の中央区日本橋富沢町《とみざわちょう》と日本橋人形町二丁目。村松町は現在の東日本橋一丁目。天保一二（1841）年に始まった天保の改革の時まで、江戸の芝居町は二丁町《にちょうまち》（堺町《さかいちょう》・葺屋町《ふきやちょう》。現代の人形町三丁目）と木挽町《こびきちょう》五・六丁目（東銀座）にあった。立花町、難波町、村松町はいずれも二丁町の近くである。

第I章で記したように、踊子は元々、玄人の職業だった。時代が下って、江戸時代中期になると、歌舞伎の舞踊・音楽（三味線音楽）を習い覚えた素人（町人）の娘が、踊子になって酒席で芸を行い、座料を稼ぐようになる。素人も踊子を職業とするようになったのである。

宝暦五（1755）年刊、二代八文字屋自笑《はちもんじやじしょう》の浮世草子『栄花遊二代男《えいがあそび》』に「横山町《よこやまちょう》や橘町《たちばなちょう》の辺りには、京の舞子と同じように、時間を定めて情をうる踊子がいる。踊子は二通りある。親元が貧しいため、踊り（略）三味線で身を立てる者、そして、踊りは二の次にして、色仕掛けで情を売る者である。呼ぶと二人一組でやってくる」（現代語訳）と出てくる。

横山町は馬喰町《ばくろちょう》の隣町。町名は現代も遺り、馬喰横山と名付けられた地下鉄の駅もある。宝暦年間になると、踊子という名前であっても、踊りだけでなく、音楽（唄・三味線）を得意とする娘が増えてきた。

素人から踊子になった娘たちも色を売ったようで、元文五（1740）年、寛保三（1743）年、宝暦三（1753）年の三回、下町の踊子に対する「けいどう（遊女の取締り）」が行われた。元文五年閏《うるう》五月には「紛らわしい行為をすると、隠売女と同様に処罰する」旨の町触も出された。

幕府は、江戸中の遊女を廓に集め、市中の遊女屋・色町を禁止すれば、江戸には吉原以外に遊女はいなくなる、と計算したのだろうが、実際には逆で、市中の色町・遊女屋は年々、増加した。享保五（1720）年の序がある、庄司勝富《しょうじかつとみ》の『異本洞房語園《どうぼうごえん》』に「江戸市中の三四カ所に遊女町があった」と出てくる。江戸市中の色町（花街）を岡場所と言ったが、江戸時代中期に岡場所は三四カ所以上あったのである。

「岡場所」の語源は、①吉原以外の色町を「外場所」と言っていたのが転訛《てんか》した、②遊女になることを「苦界《くがい》（苦海・公海）に身を沈める」と言ったが、吉原の公海に対して、ほかの色町を「陸」と洒落た、③「岡目八目」「岡っ引き」「岡《おか》っ惚《ぼ》れ」などの言葉があるように、本当ではなく、仮のものを「岡」というようになった、の三説ある。いずれにしても、岡場所の岡は「外《ほか》・端《はた》・横」の意で、幕府公認の遊廓・吉原以外の色町をいう。

市中の遊女が増加すると、吉原の商売に差支える。吉原の経営者はたびたび、奉行所に「市中の遊女屋を取締って欲しい」と陳情した。吉原を公認した建前上、奉行所は放っておくわけにもいかず、時々けいどうを行った。

「けいどう」は江戸市中の遊女・遊女屋に対する「臨検」「ガサ入れ」のこと。『屠竜工随筆《とりようこう》』に「かくし遊女を持ちたる所へ、不意に押入て捕らゆるを、けいどうの入といふ」と出てくる。

「けいどう」は「けいど」と詰めて発音することもあったが、正字は不明で、傾動・怪動・計道・警動・怪動などの漢字が当てられた。語源については「物に邪魔の入をケトの入といふをけいとうと引きのばしていふなるべし」（『俚言《りげん》集覧』）、「天下を傾動する」の意（『屠竜工随筆』）などの諸説がある。現代の「ガサ入れ」と同じく、正式な用語ではなかったため、さまざまな漢字が当てられたのだろう。

振袖姿の舞子（踊子）　西川祐信『百人女郎品定』挿絵

けいどうで逮捕された女性は、三年間（二年説もあり）、吉原で遊女勤めをする決まりになっていた。けいどうで逮捕されて、吉原に収容された遊女を「奴《やっこ》」と言ったが、二～三年間は吉原に収容されて「性奴隷」になったのである。

2、元文期の踊子の扮装

芸能者は化粧・衣裳・小道具などに神経を遣ってきた。江戸時代の役者は、見栄えする衣裳・小道具を用いることが芸の工夫の第一で、衣裳・小道具の選定に細心の注意を払った。江戸時代の役者の芸談を読むと、衣裳を工夫した話が多数出てくる。

江戸時代の歌舞伎は何回も弾圧された。弾圧の理由で一番多かったのは贅沢《ぜいたく》な衣裳・小道具などを使っているというもので、逮捕されると、手鎖・罰金などの刑罰が科せられた。江戸時代に幕府が行った三大改革のメインテーマはすべて物価の引き下げだったが、役者は改革の度《たび》にターゲットにされたのである。

ところが、良い衣裳・小道具を使わなければ、役者はスターになれなかった。スターになれない役者は給金《ギャランティ》が上がらない。そのため、江戸時代の役者は、手鎖・罰金などの刑を覚悟して、高い衣裳・小道具などの使用を止めなかったのである。

そのことは現代も同じで、ビジュアル系と称するロックバンドの歌手も衣裳に神経を遣う。プロの歌手は歌がうまいことは当たり前で、顔立ちや衣裳センスなど、歌唱力以外の要素も含めて、歌手としての評価は決まる。

人間は情報の大部分を目で受け取る。音・声など、耳で受け取る情報も、手触りなど、触感もあるが、人間は情報の八十数パーセントは目で受け取るとされる。つまり、歌手も含めて、芸能人はすべて「見た目」が大切なのだ。

『当世武野俗談』は前項で紹介した文章に続けて、「元文のはじめ、三五七組のゑもん（衛門）、千蔵組のおてる、大助組のおゑんとて、至極名題の器量よしの芸者有。かれらは髪かしらを第一として、結構なる櫛かうがい（笄《こうがい》）を用ひ、多くは銀のかんざし（簪）抔にて粧ひけり。扨《さて》、三人の踊り子、暑気の節は菅笠かぶりては髪を損さすとて、三人対に日傘を青紙にて張らせ用ひたり。尤《もっとも》立派にして、其柄を黒ぬりにして、風流成紋を附たり」と書いている。

三五七は市野屋三五七、千蔵（専蔵）は西川扇蔵、大助は松本小大助。三人共、歌舞伎の振付師兼町の踊りの師匠で、市中で舞踊の稽古場を営み、素人（町人）の娘などに舞踊を教えていた。「組」というのだから、踊子を組織して、茶屋などへ派遣していたのだろう。

踊子の心掛けの第一は「髪頭」すなわちヘアスタイルに気を遣ったことで、髪を「立派な櫛笄や銀の簪などで装った」。三人の踊子は「菅笠を被るとヘアスタイルが見せられないと言って、青い紙を貼った揃いの日傘を作り、暑い時には日傘を差した」という。

元文（1736〜41年）の頃は、陽除《ひよ》けに、菅笠・加賀笠を被っていた。その頃、若い女性たちの間で大流行していた髪型は、豊後節の太夫（文金《ぶんきん》）の髪型を真似した文金島田で、文金島田は根（髻《もとどり》）が高いので、菅笠や加賀笠を被ると髪の形が崩れてしまう。そのため踊子は、京の公家たちが使っていた日傘を遣ったと思われる。

前述したように、元禄時代の踊子は男装していた。元禄期を過ぎ、宝永期（18世紀初頭）以降になると、踊子は男装を止め、若い女性に合った振袖を着るようになったのだろう。

江戸時代は身分・職業・性・年齢などによって、着る物も、髪型も決まっていた。女性の着物でいうと、46頁に記したように、振袖は若衆の衣裳から始まり、未婚女性（特に金持ちの娘）の着物に変化した。そして、振袖は若い女性、留袖は既婚女性（または一九歳くらいから以上の女性）の定番衣裳になったのである。元禄八（1695）年刊、井原西鶴《さいかく》の『西鶴俗つれづれ』によれば、「通常、男子は一七歳の春、女子は（結婚していてもいなくても）一九歳の秋に、短い袖に切り替えた」（現代語訳）と出てくる。

『当世武野俗談』（前出）に、「其母と称して附添出入しけり」とある。元文期の踊子は「娘」という建前だったので、必ず母と称する女性が踊子についてきた。踊子は振袖を着て宴会に行き、現場で留袖に着替えて芸を行い、終わるとまた振袖に着替えて帰ったという。

文政四（1821）年に成立した大田南畝《なんぽ》の随筆『奴凧《やっこだこ》（奴師労之）』にも、「昔の芸者は娘ゆへ、まわし方にお袋の付来る事多し。今は眉なく、歯を染めたる芸者多くなりし故、お袋の来るをみず。お袋の役を兼帯するなるべし。これもまた流行の変と見るべし」「天明の頃まで、橘町薬研堀《やげんぼり》の芸者、座敷へ出づるに振袖着て来り、留袖に着かへ、又帰る時は必振袖を着しが、今振袖を着るものなし。それより柳橋、同朋町《どうぼうちょう》、本町、日本橋とうつり来て、眉を落し歯を染めたる芸者多くなりぬ」とある。

橘町については前述した。薬研堀は、両国橋の西詰、現在の中央区東日本橋二丁目にあった堀。薬研堀と柳橋についてはのちに詳述する。

『奴凧』は「昔の踊子は娘という建前だったので、お袋と称する女が付いてきたが、文政期は眉を剃り、歯も染め、人妻風を装ったので、『母親』が付いてくることはなくなり、『母親』が行っていた金銭の受け渡しも自ら行っている」と言っている。

天明期の芸者
重政「芸者と箱屋」東京国立博物館蔵

いずれにしても元文の頃の踊子は娘らしい振袖姿だったわけで、斎藤月岑《げっしん》の『武江《ぶこう》年表』にも「女芸者が振袖の衣類を着る」とある。また幕末に成立した同じ月岑の『百戯述略《ひやくぎじゆつりやく》』にも「年若の歌妓は、いずれも振袖衣類を着し、酒席へ罷り出で候由」とある。

処女を装ったことで、踊子の人気は高まったが、元文から宝暦にかけて（18世紀半ば）、三回もけいどうが行われたように、実際には「紛らわしい行為」もあったようだ（後述）。

二、踊子から芸者へ

1、新しい呼び名の誕生

寛延〜宝暦期（1748〜64年）くらいになると、踊子のことを芸者などと呼ぶようになる。

文化七（1810）年に成立した大田南畝の『金曽木《かなそぎ》』に「明和・安永・天明の初までは、芸者とよび、者とばかりもよびて、踊子といはず。薬研堀、橘町辺に多くあり」と出てくる。

また文政四（1821）年成立の『奴凧』にも「女芸者の事を昔はおどり子といふ。明和、安永の頃よりげいしやとよび」「橘町大坂屋平六といへる薬種やの辺に芸者多し」とある。

天保一一（1840）年刊、山崎美成《よししげ》『三養雑記』にも「江戸にも踊子は古くよりありたれど、女芸者は明和のころよりありと聞けり。それも、もとは振袖など着て、いまよりは一際すぐれて、品もよかりしよし」とある。

前述したように、元禄期以降、踊子たちは、歌舞伎舞踊だけでなく、歌舞伎音楽＝三味線音楽を習うようになる。また享保初期（１７１６年～）以降、江戸においても、上方浄瑠璃の竹本節を使った人形浄瑠璃・歌舞伎の義太夫物の上演が盛んになる。さらに元文期（１７３６～４１年）以降、江戸浄瑠璃の豊後節（とそれを受け継いだ常磐津節・富本節）も盛んになる。

歌舞伎の舞踊・音楽＝三味線音楽が大衆化したことで、享保期を過ぎて、元文・寛保・延享の頃（１７３６～４８年）になると、踊子の芸も踊りと音楽（三味線演奏、唄・浄瑠璃）の二本立てになったのである。音楽演奏を得意にする踊子と踊りを得意とする踊子の二人が組んで座敷に出ることが多くなった（主にベテランの踊子＝芸者が音楽を担当、見た目が華やかな若手芸者が踊りを担当した）。

そして、寛延～宝暦期（18世紀半ば）には、踊子のことを芸者・芸子とも呼ぶようになり、明和～安永期（18世紀後半）以降、芸者という語が主流になった。ただし、芸者の語が使われるようになった後、踊子という語は使われなくなったわけではなく、踊子という語も幕末まで使われた。幕末に成立した『守貞謾稿《もりさだまんこう》』などにも踊子という語は出てくる。同義の芸者・踊子という二つの語が併用されたのである。

明和七（１７７０）年刊の洒落本『蕩子筌枉解《とうしせんおうかい》』に「座敷ではげいこ（芸子）たいこ（太鼓）

芸者　歌麿『当世女風俗通・江戸芸者』
東京国立博物館蔵

がうたふつまふつする」とある。太鼓は太鼓持ちの略。一般には男芸者（幇間《ほうかん》）を言ったが、深川では酒席の興を盛り上げるために揚げる「太鼓女郎」を略して言った。

洒落本は小説の一種で、宝暦～寛政年間（18世紀半ば～末）に流行した。題材は大概、遊廓・遊所の遊びで、遊女（または芸者）と客の駆引きを描いたものが多い。明和七年刊、深川を舞台にした洒落本『辰巳之園《たつみのその》』にも「［五郎兵衛］賑に芸者を呼ませう。是おまつどん、たれぞ頼やす。［女］羽織にしやせうか、男芸者にしやせうか」と出てくる。

「辰巳」は本来、方角を表す語で、東南をいう。江戸の中心部（日本橋辺り）から辰巳（東南）に位置したため、辰巳は深川の代名詞になった。のちに詳述するように、宝暦～明和期（18世紀半ば～後半）以降の一時期、深川芸者は羽織を着用したため、「羽織」とも呼ばれた。

本書では詳しく記さないが、安永期（1772〜81年）以前から、武家屋敷で歌舞伎を上演した、お狂言師と呼ばれる女性芸能者も現れ、幕末には江戸城の大奥にも上った。お狂言師は普段は江戸市中で踊りの師匠をしていた女性たちで、武家屋敷から声がかかると、長唄などの歌舞伎音楽の町師匠に声をかけて一座を組み、武家屋敷を訪れ、奥方や姫、御殿女中の前で歌舞伎を演じたのである（18頁、系譜図参照）。

お狂言師は武家屋敷、芸者は主に料理茶屋における宴会で、芸を披露した。芸を行った場所に違いはあるものの、ルーツは共に踊子である。踊子が芸者とお狂言師に分かれたとも言える。

例えば、舞踊の名手で、志賀山流の八代家元も兼ねた初代中村仲蔵の義理の妹に当る里（のちに、いよ・さなと名乗った）もお狂言師だった。里は、仲蔵の後援者の一人である、大和（奈良県）郡山藩二代藩主・柳沢美濃守信鴻《のぶとき》（1724〜92年）が隠居後に生活した、巣鴨の大和郡山藩下屋敷（現代の六義園《りくぎえん》）の御殿女中になったが、兄で志賀山流家元の三代中村伝次郎が歿したため退職し、志賀山流の踊りを教えるとともに、お狂言師も務めた。

2、踊子は処分せず

寛保三（1743）年閏《うるう》四月、町奉行所はけいどう（遊女の取締り）を行い、葺屋町辺りの料理茶屋へ踊子を遣わし売色させていたとして、踊子の抱え主と踊子を呼んだ料理茶屋の経営者を逮捕した（『享保撰要類集《せんよう》』による）。この時、踊子が処分されなかったことは注目される。

踊子の抱え主については三年前の元文五（1740）年に行われたけいどうで処分された先例があったものの、料理茶屋については『公事方御定書《くじがたおさだめがき》』にも処分の規定がなかった。そこで、奉行所は老中に願い出て、新しく料理茶屋の主人も処分したが、踊子は叱られただけで解き放たれたという。

町奉行所が抱え主と料理茶屋の主人は処分し、踊子は処分しなかった真意は不明だが、①親兄弟を助けるため、踊子になった者が多かったこと、②踊子を追放しても、また新しく踊子になる人が現れるだけ、とわかってきた、③遊女と踊子を区別するようになった、という三点が考えられる。

諸物価の引き下げと米価の引き上げを目的とした享保の改革は容易に成功せず、徳川吉宗の退位の直前まで、長々と続けられた。享保の改革の時期、武士は歌舞伎役者や踊子を屋敷に呼ぶことが憚《はばか》られたが、安永のいわゆる田沼時代になると景気も上向き、幕府の締め付けも和らいだため、大名などは再び、屋敷に役者や芸者を呼ぶようになる。

明治二五（1892）年四月から翌二六（1893）年七月まで、一年四カ月にわたって『朝《ちょう》野《や》新聞』に連載された、『徳川制度』と題する文章がある（石井良助氏の編集で、『江戸町方の制度』と改題されて人物往来社から出版）。『徳川制度』の著者は不明だが、町奉行所に関係していた元武士が書いたと推測される。

その「芸娼妓《げいしょうぎ》」「町芸者の沿革」の項に「天明年間に至りて大名旗本などの居邸に踊子を召すの風を再発し、御書院番頭小堀阿波守《あわのかみ》となんといふ人は幾多の紅裙《こうくん》（紅い裙、転じて芸者）を自邸に聘《へい》し、席上三方に盛りたる小判を撒し、少艾《しょうがい》（若く美しい女）等の争ふて拾ふ態を興がりて、長夜の宴《うたげ》を張りたることもあり、その他芸者寄合なんど称へて料理店に遊び、黄金撒を行ふことも往々にして是ありしとかや」と出てくる。

安永〜天明期には、各藩の留守居役が料理茶屋や船宿を使って宴会を行うことも増えた（料理茶屋・船宿・留守居役については後述）。さらに言えば、財産を持つ庶民が増加し、庶民の金持ちも料理茶屋や船宿に芸者を呼んで宴会をした。

安永九（1780）年、芸者六三人が逮捕された。内訳は、最年少が一四歳で二人、一六〜一七歳が各八人、一八歳が一四人、二〇歳が九人、二一歳が七人、最年長は二七歳で一人、などである。

寛政一〇（1798）年刊、森山孝盛『蜑《あま》の焼藻《たくも》の記』に「芸者と云ふ者、殊の外時花《はや》りて、

芳町の芸者
三代豊国『江戸名所百人美女・よし町』
国立国会図書館ウェブサイトより

下町山の手いづくと差別なく、少しもみめよき娘は皆芸者にしたてたり」と出てくる。

『賤のをだ巻』（前出）にも「女芸者流行て、江戸端々、遊所は申に及ず、並の所にても、芸者の二人三人なき町はなし。余りつのりて（多数になって）、吉原・品川の売女の妨になるにより、売女屋より訴へて、高縄辺の女芸者十二三人召し捕へたる事有けり。皆芸者に極て、遊所に行者なかりしなり。寛政の御改正より、羽織（深川芸者）も、〔ほかの町〕芸者も、三味線も、皆止て、正風体になりたり」と出てくる。

時代は下るが、弘化三（1846）年刊、山東京山の『蜘蛛《くも》の糸巻』の「町芸者」の項にも「天明の頃は、世の中賑はしく（騒がしく）、武家にても少し酒盛めく折は、町芸者とて酌取女を招くは、何れの家にもある事なり。されど比酌取女も質素の風ありて、髷《まげ》結に紅絹《もみ》の切を、よしの紙に包みて用ふる事はやり、地女（素人娘）等も是を学べり。今は田舎娘も髷結に縮緬《ちりめん》を用ふるなり。天明年間町方の女ども、櫛髪といふ髪はやり、髪を束ねて櫛につらぬき、根元を文通の反古《ほご》にて巻きし物なり。今は見る事なし」と出てくる。

好調な経済を背景に、安永～天明期（1772～89年）に歌舞伎は第二次大成期を迎えたが、踊子・芸者も安永～天明期が元禄期に続く二度目のピークだった。

三、宝暦～天明期の深川芸者

1、深川は江戸一番の岡場所

話は遡る。天和二（1682）年一二月、駒込《こまごめ》・大円寺から出火、火は隅田川を渡って深川も焼き尽くしたが、その後しばらく、深川に建物の建造は許されなかった。深川に再び家屋の建築が許されたのは元禄九（1696）年である。

享保の改革の初期、享保八（1723）年一一月にけいどうが行われ、遊女と踊子が捕らえられて、吉原に送られた。『徳川禁令考』に、「享保八年卯十一月伺、三ヶ年之内、新吉原町江とらせ遣ス。右隠遊女、踊子共」と出てくる。享保八年のけいどうで捕らえられた女性たちの居住地は不明である。

幕府の財政状態は一向に好転せず、享保の改革は長期間続いた。不景気が長期化していたわけで、深川は容易に賑わいを取り戻せなかった。

延享二（１７４５）年、吉宗は退位、寛延四（１７５１）年に歿する。深川が賑わいを取り戻し始めたのは吉宗が退位する直前の元文年間（１７３６～４１年）くらいである。

宝暦三（１７５３）年のけいどうで、深川から一〇四人の子ども（遊女）・踊子（のちの芸者）が逮捕された。宝暦の前、元文～寛延期（１７３６～５１年）の深川には一〇〇人を超える遊女・踊子がいたわけで、深川は江戸で一番の岡場所（私娼がいる色町）になっていたのである。

踊子＝芸者が三味線を弾いたり踊ったりする場所・芸者の仕事場は料理茶屋（のちの会席、会亭、料亭）である。芸者は料理茶屋で催される宴会に出て芸を披露する。

江戸の最初の水茶屋は深川八幡の境内にできた二軒茶屋で、江戸で最初の料理茶屋は明和年間（１７６４～７２年）に誕生した深川・洲崎の升屋《ますや》とされる（『武江年表』、山東京伝《さんとうきょうでん》『指面草《さしもぐさ》』、大田南畝『俗耳鼓吹《ぞくじこすい》』『丙子掌記《ひのえねしょうき》』などによる）。

深川は徳川家康が江戸城に入った後、隅田川河口の中洲（島）に土を盛って造成した町である。換言すると、海辺の運河の町なので、船の発着所や船宿は容易に造れる。深川には多数の船の発着所・船宿が造られ、船宿は次第に料理茶屋兼色茶屋へ変化し、大河の向こうの辺鄙《へんぴ》な場所だった深川は隅田川の西から来た遊客で賑わうようになった。

深川は幕府公認の遊廓だった時期もある。安永元（1772）年の火事で焼けた吉原は、深川に仮宅（仮営業所）を置いた。深川には一時期、幕府公認の遊廓と潜りの遊女屋の両方があったのである。

天明七（1787）年一一月の火事でも吉原は焼け落ち、深川永富町《ながとみちょう》の西側の中洲（三叉）に吉原の仮宅が造られた。

寛延・宝暦期（18世紀半ば）まで、深川は漁師町の面も遺していたが、吉原の仮宅が設置されたことで色町の色彩を強めていく。明和から天明（1781～89年）にかけて、遊所としての深川は第二次のピークを迎えた。

2、宝暦期の深川の踊子

深川芸者も、宝暦期（1751～64年）くらいまでは、年若い娘風の扮装をしていたようだ。

前述したように、元禄の前、延宝～天和期（1673～84年）の深川の踊子は男装していたが、元禄の後、宝永期（1704～11年）くらいから深川の踊子の格好は素人っぽくなった。

深川芸者1　豊国画『絵本時世粧』国立国会図書館ウェブサイトより

さらに半世紀ほど下った宝暦期の深川芸者も、下町の芸者と同じく、振袖を着て素人っぽさを装ったようだ。『辰巳之園』の自序で作者の夢中散人は「此所《この》（深川）の素人らしき娘風を悦《よろこ》び」と書いている。

前に、江戸時代は未婚女性と既婚女性は着る物が違ったと記した。また江戸時代の女性は、結婚すると眉を剃《そ》り、お歯黒（鉄漿）をした。当時の女性は「適齢期」に達すると結婚するのが常識となっていたので、「適齢期」に達すると、実際には結婚していなくても、女性は眉を剃って歯を染め、人妻風を装ったのである。ちなみに、未婚女性は振袖、既婚女性は留袖という区分けは現代も受け継がれている。

「三十振袖、四十島田」という俚諺《りげん》がある。三十・四十は年齢。島田は「島田《しまだ》髷」の略。島田髷は元々、若衆の髪型だったが、元禄以降、娘の髪型になった。つまり、「三〇歳を過ぎても（娘の着物である）振袖を着け、四〇歳を過ぎても（娘の髪型である）島田髷を結っている」の意。

深川に歳を取っても振袖を着ていた踊子がいたことから、この俚諺は生まれたとされる。けいどう（遊女の取締り）で検挙された遊女の年齢は大概、一〇代後半から二〇代前半までだった。歳を取ると買い手が減少するため、年齢を重ねた遊女はお払い箱になり、転業できなかった遊女は街娼になった。夜の屋外は暗闇だったので、年齢の判別が難しかったのである。

しかし、踊子は歳を取ると全く需要がなくなるわけではない。若作りして、歳を誤魔化して働いていた踊子もいたのである。

次の章で、馬場文耕の実録風小説『当代江戸百化物《ばけもの》』に出てくる深川の踊子・おろくの話を詳しく書く予定なので、ここでは概略のみ記す。宝暦三（1753）年正月のけいどうで逮捕されたおろくは吉原に収容され、二年間苦界勤めをして釈放され、深川に戻って踊子に復帰した。しかし、またけいどうで検挙され、二年間の吉原勤めをし、深川に戻ってきた時は（数えの）三二歳になっていた。それでもおろくは、振袖を着て座敷を勤めたという。

天明七（1787）年刊、山東京伝作の洒落本『古契三娼《こけいのさんしょう》』にも「はや中ゥどしまといふもふるくなれば、又かしをかえて表櫓へ出、歯を白くして、新造と化てより、額に小じわができ、ばゞあお仲とあだ名され、ばゞあばゞあとよばるれば、己がことゝて返事するもうきつとめぞかし」とある。

3、深川芸者と羽織

前項で、深川芸者は宝暦期まで振袖を着て座敷に出ていた、と記した。深川芸者は同時に、宝暦期になると、男っぽい羽織を着るようになる（前述）。

現代は女性が男性の衣服を着ても咎める人はいないが、江戸時代は身分・職業・性・年齢などで着る物も髪型も決まっていた。羽織は男の上着で、それまでは羽織を着る女性は少なかったが、深川芸者は社会通念を無視して、羽織を着たのである。そのため、羽織は深川芸者の代名詞になり、深川芸者は羽織と呼ばれた。

宝暦二（1752）年刊の談義本『当世下手談義《いまようへただんぎ》』の巻五に「あまつさへ（驚いたことに）、女があられもなひ（相応《ふさわ》しくない）羽織着て、脇指《わきざし》（短刀）迄さした奴も折節見ゆるぞかし。昔は堀の舟宿の女房斗ぞ羽織を着ける。今は大体《たいてい》小家の壱軒も持たる者の子も、女のあるまじき（あってはならない）風俗させて、羽織きせたる親の心、おしはかりぬ（気持ちがわからない）」とある。

深川（特に仲町《なかちょう》）の芸者がなぜ、羽織を着たのかについては諸説あるが、私は「元文～延享期（1736～48年）に一世を風靡《ふうび》した京下りの浄瑠璃語り・宮古路豊後掾《みやこじぶんごのじょう》の姿を真似た」

という説を支持したい。

前述のように、宮古路豊後掾の浄瑠璃（豊後節）は、享保末期（1730年代）以降、次第に人気が高まり、元文～延享期にピークを迎えた。豊後掾のトレードマークは丈の長い羽織だったが、深川の踊子は豊後掾の羽織姿を真似て羽織を着用した、という説である。

江戸時代中期の医師で俳諧宗匠でもあった加藤曳尾庵《えいびあん》（1763年～?）の随筆『我衣《わがころも》』に、「元文の頃（実際には享保末期）上方より都古路（宮古路）豊後掾といふ浄瑠璃語り下る。この一流みな羽織ながかし。元文より、此の風世上に流行り、まず形より我が身に写す世の中なれば、この一節を学ぶ若手は、まず髪を都古路風に結い、羽織も長くせり。後々は学ばぬ人も羽織長くなる」とある。つまり、豊後掾の羽織姿は世間に大流行していた。深川の踊子も大流行していた豊後掾の格好を真似たのである。

深川芸者の格好を真似て、一般女性も羽織を着るようになり、女性の羽織着用は大流行した。そのため、寛延元（1748）年三月、幕府は「町中女、近来羽織を着候儀の由、下々寒気を防ぎ候ため、夫々《それぞれ》の羽織を着候など申す事は、物ずきと申にては無之候。自分の物ずきにて染めさせ、又は商売物にても女の羽織地と申すも有る由。右は異様にて、増長も致し候わば、如何《いかが》わしく候間、名主どもより右躰《てい》の事、差留め候様申渡す」という、女性の羽織着用を禁止

羽織を着た深川芸者　春章『色道三津伝』挿絵

する町触を出す。幕府は男女の秩序が乱れることを恐れたのである。

「三日法度《はっと》」と言って、幕府が禁令を出しても、三日間くらい首を窄《すぼ》めていれば、嵐は過ぎ去って元の木阿弥《もくあみ》となることが多かった。深川芸者の羽織姿もすぐ復活したと思われるが、のちの寛政の改革の時、幕府は再び、女性の羽織姿を禁止したため、この時以降、深川芸者は羽織を着なくなったようだ。つまり、深川芸者は宝暦から天明（1751〜89年）にかけての一時期だけ羽織を着ていたとみられる。

四、料理茶屋と船宿

1、茶屋とは

芸者の仕事場所は料理茶屋・船宿などである。「など」と書いたのは船宿が所有する屋形船の船中などで催された宴会に出て、音楽を演奏し踊ることもあったため。この項では、芸者の主な芸の披露場所である料理茶屋と船宿について記す。

芸者の二大得意先は各藩の留守居役と札差《ふださし》だった。留守居役と札差についてはのちに詳述する。料理茶屋はいわば現代のホテルのバンケットルーム（宴会場）で、留守居役・札差などはそこに芸者を呼び、音楽を演奏させて踊らせたのである。

茶屋の本義は「お茶を飲ませる所」。なお、茶葉を売る店は茶問屋と言われた。現代人は大概、茶屋と言えば喫茶店を連想するだろうが、江戸時代の茶屋にはいくつか種類があった。

建物の形態で分類すると、洒落た建物を建ててそこにおいて恒常的に営業する居付き茶屋と葦簀《よしずば》張り・筵《むしろ》張りなど簡易な仮設建築物で営業する掛け茶屋に大別できた。

提供した飲み物・食べ物の種類で分類すると、お茶と茶菓子だけを提供した水茶屋（休み茶屋）と凝った料理を提供した料理茶屋に分けられた。

水茶屋は現代の純喫茶である。街道筋の路傍や寺社の境内・門前に造った仮設の建物で営業する水茶屋もあったが、江戸には立派な建物の大規模な水茶屋もあった。最初にできた水茶屋は京の宇治橋の橋番も兼ねた通円とされる（『京都名所図会』『嬉遊笑覧《きゆうしょうらん》』など）。

寺社の境内・門前に造られた茶屋では、京の八坂神社の門前（すなわち祇園《ぎおん》）に造られた二軒茶屋が早く、安土桃山時代に造られたようだ。初めは参詣・参拝者にお茶を飲ませる休憩所として造られたのだろうが、のちに祇園豆腐を売り物にするようになる。屋号を中村屋・藤屋と言った二軒茶屋は、料理茶屋のルーツとも言える。

水茶屋はお茶のほか、餅・団子などの食べ物も提供したが、のちに酒も飲ませるところが多くなった。江戸では、寛保～延享の頃（18世紀半ば）から、看板娘（茶汲み女）を置いた、やや「高級」な水茶屋が両国・浅草・上野山下などの盛り場に出現し、宝暦～寛政期（18世紀後半～末）に全盛を迎える。

茶屋の看板娘の代表は、鈴木春信の錦絵に描かれた谷中《やなか》・笠森《かさもり》稲荷のお仙、浅草・二十間茶屋の蔦屋《つたや》お芳《よし》、堺屋おそで、喜多川歌麿《きたがわうたまろ》が描いた浅草・随身門の難波屋《なにわや》おきた、両国広小路の高島屋おひさなど。これら茶屋娘は当時流行した「娘評判記」にも登場し、「触れなば落ちん」の風情に魅了されて通い詰める若い男も多かった。

酒肴《しゅこう》を提供する茶屋は料理茶屋・出合茶屋（待合茶屋）・引手茶屋（色茶屋）・芝居茶屋など。

料理茶屋は料理の提供を看板にした茶屋で、のちの料亭にあたる（のちに詳述）。

出合茶屋（京坂は「盆屋」）・待合茶屋は、現代のラブホテルに相当する、カップルの密会場所で、江戸市中の各所に散在した。特に多かったのは上野不忍池《しのばずのいけ》の畔で、「池の茶屋」と言われた。出合茶屋を利用したカップルは男女に限らない。出合茶屋の顧客は男の同性愛者が多数を占めたという説もある。江戸時代の僧侶は、一部の宗派を除いて、異性との性交・妻（夫）帯が禁じられていた。そのため、同性と性交する僧侶が多く、その目的で出合茶屋を利用したのである。男女のカップルが出合茶屋を利用する時は昼間が多かったようだ。江戸時代の夜、特に月・星のない夜は真っ暗闇で、何も見えなかった。女性が夜出歩くことは困難だったので、昼間に利用したのである。

引手茶屋は吉原の廓内の施設。初期は遊廓の案内所、後期は遊廓の案内所と客と遊女の宴会場所を兼ねた。初期の吉原の遊客はまず引手茶屋へ行き、そこへ遊女を呼び、遊女と遊ぶ時は揚屋《あげや》（遊女と遊興する場所）へ移動した。宝暦期（1751〜64年）以降、揚屋はなくなり、その役割を引手茶屋が受け継いだ。後期の客は引手茶屋で遊女や芸者と遊んだのである。

岡場所（市中の色町）の遊女・芸者と遊びたい時は、その旨を料理茶屋へ申し込み、料理茶屋で遊女・芸者と会った。上方では客と遊女・芸者が会って遊ぶところを色茶屋と言ったが、江戸下町の料理茶屋は上方でいう色茶屋も兼ねていたのである。

芝居茶屋は劇場の付属施設で、開幕前・幕間《まくあい》・閉幕後の休憩・飲食場所。当日は朝早く芝居

評判の素人娘
歌麿『江戸三美人』東京国立博物館蔵
出典：ColBase（https://colbase.nich.go.jp）

茶屋へ行って休憩し、開演時間が近づいたら、芝居茶屋の若い者の案内で劇場内の自席に着き、幕間には芝居茶屋へ戻って休憩・飲食した。切符の販売所も兼ねていた。桟敷席など、良い席は皆、芝居茶屋が押えていたため、良い（高い）席で観劇したい人は芝居茶屋に申し込んだ。

なお、大坂の芝居町・道頓堀は、島之内など、色町に囲まれていた。京の芝居町は四条大橋東詰の色町の祇園にあった。上方の芝居茶屋は色茶屋の役割も兼ねていたのである。

2、料理茶屋

料理を食べて酒を飲み、宴会を行う店を料理茶屋、会席、会亭などと言った。のちの料亭である。

元禄頃（17世紀末）、浅草・金龍山《きんりゅうざん》（浅草寺《せんそうじ》）の門前に奈良茶飯を食べさせる店ができた。奈良茶飯は茶飯に大豆・小豆・栗などを入れた食べ物。この店が江戸初めての外食店である（『西鶴置土産』『事跡合考』『江戸鹿子《かのこ》』など）。茶飯を食べさせる店はその後、浅草真乳山《まつちやま》・同駒形・堺町・目黒・品川にもできたが、のちに煮売屋・居酒屋と言われる市中の小規模な飲食店に変化していく。

料理茶屋は、奈良茶飯を食べさせる店より大規模で、大人数で宴会ができた。

江戸の水茶屋の始まりは深川八幡境内の二軒茶屋で、松本屋・伊勢屋と言った。その名が示すように、モデルは京・八坂神社門前の二軒茶屋である。松本屋も伊勢屋も八幡宮の氏子で、氏子の役員を務めていたが、享保九（1724）年から境内に掛け茶屋を出し、田楽・団子なども商った。松本屋・伊勢屋はのちに、料理茶屋を営む。

明和～天明（18世紀後半）の名優・初代中村仲蔵の『月雪花寝物語《つきゆきはなね》』に「近頃踊子はやり申候。深川へ参りたく候へども、皆あしく申候に付、二軒茶屋にて別に四畳半を建、屋敷と申ふらして、四ッ過より参られ、芸子よび、その風俗を皆々写しとられ申候。黒羽二重、小袖紋付なり」とある。

『月雪花寝物語』は回想録なので、時期はわかりにくいが、宝暦の頃（1751～64年）と思われる。つまり、深川の二軒茶屋は宝暦末期に誕生したと推測できる。深川八幡境内の茶屋は明和初期（1764年～）に六軒、明和後期（～1772年）に四軒あったという記録もある。つまり、深川八幡境内の茶屋は明和の頃に増加したとみられる。

日本で最初の料理茶屋は、明和年間（1764～72年）、深川・洲崎弁天の隣に誕生した升屋（桝屋）とされ、宗助（惣助）なる人物が経営したと言われる。升屋は、唐《から》風の玄関、座敷は高麗縁《こうらいべり》の畳という贅沢な造りで、庭には数寄屋が二～三カ所あり、鞠場《まりば》まであったという。

各藩の留守居役は、幕府や他藩の役人を升屋に招待し、宴会を催した。今の官々接待で、芸者はその席に呼ばれ、芸を行ったのである。

升屋は望陀覧《ぼうだらん》（望汰欄）とも言われた。望陀覧は棒鱈《ぼうだら》の洒落。棒鱈は本来、鱈を三枚におろして日干しにした乾物を言ったが、のちに「酔っぱらい」「酔客」という意味も持つようになる。升屋を贔屓《ひいき》にした松江藩六代藩主・松平宗衍《むねのぶ》が扁額《へんがく》を贈ったが、それに望陀覧と書かれていたという。ちなみに、宗衍は奇行で知られ、次の松江藩七代藩主・松平治郷《はるさと》（不昧《ふまい》）は茶の湯で有名である（『蜘蛛の糸巻』など）。

大田南畝・山東京伝などの文人も升屋を贔屓にした。文化一三（1816）年に成立した大田南畝の『丙子掌記』に、「江戸洲崎に鶴歩町《かくぶちょう》といふあり。武蔵葛飾郡西葛西領《むさしかつしかにしかさい》に属す。これ

料理茶屋の宴会　鍬形蕙斎『近世職人尽絵詞（下巻）』（部分）　東京国立博物館蔵
出典：ColBase（https://colbase.nich.go.jp/）

は其辺、名主の家に晋子其角《しんしきかく》がかける発句『日の春をさすがに鶴のあゆみ哉《かな》』といふをもてり。その名主、隠居して鶴歩といひしより、その所の名となれりと。天明の比、洲崎の調理家祝阿弥「升屋惣助望汰欄と号す」の話也。祝阿弥、手づくりの酒を鶴のあゆみと名付けしも、その名をとれり」とある。

晋子其角は俳諧師の其角を指す。宗助は料理を作るだけでなく、狂歌も詠み、升億（剃髪後は祝阿弥）と号した。ところが、寛政三（1791）年八月五〜六日、大暴風雨が関東を襲い、洲崎・永代橋付近を含む深川一帯は高潮に攫《さら》われ、升屋も流されてしまう（『続徳川実紀』）。

安永六（1777）年刊の三都の名物評判記『富《ふ》貴地座位《きちざい》』の江戸の「料理之部」は、洲崎の升屋、浮世小路の百川《ももかわ》、材木町《ざいもくちょう》の山藤《さんとう》、向島三囲《みめぐり》の葛西太郎、茅場町《かやばちょう》の楽庵、三股《みつまた》の四季庵、深川の二軒茶屋など、三一軒の料理茶屋の名をあげている。

文化年間(1804~18年)、深川の仲町に料理茶屋の平野屋清兵衛(平清《ひらせい》)が開業。平野屋は会席料理の〆に新鮮な魚介類を用いた潮汁を出して人気を集め、江戸で一~二を争う料亭になった。廃業は明治三二(1899)年。仲町にはそのほか、尾花屋・梅本などの料理茶屋もあった。

それら深川の料理茶屋は料理を食べさせただけでなく、吉原における引手茶屋の役割も果たした。江戸では、吉原以外、遊女を置けないことになっていたため、料理茶屋の看板で営業し、遊女屋はそこを客と遊女が遊ぶ場所にもしたのである。

江戸時代後期の料理茶屋については文化一三(1816)年の序文を持つ『世事《せじ》見聞録』が詳しい。長文だが、それを引く。

「料理茶屋所々に出来て、いづれも繁昌するなり。公辺《こうべん》(公の機関)にても料理茶屋などいへる奢侈《しやし》は、古来ゆるし給はざる故、表向きは煮売屋・酒屋などいへる麁末《そまつ》なる名目にて、内証はその名目に振れたる格外の容体を構へ、普請・造作・彫物・襖《ふすま》・唐紙の模様、数寄屋（茶の湯のための建物）・風呂屋・大灯籠・樹木などの物数寄《ものずき》（特別な趣向を加えた物）、高貴の亭にまがふべき結構を尽し」

「今この料理茶屋の繋昌なる事、たとへば同志のもの十人・二十人、一群にて不意に参り、金五両・十両の価なる料理を好むに、いつもさし支《つか》えなく即座に調《ととの》ふなり。今の十両は米三十俵余の価なり。右体大勢連れの客が幾群参るとてもいささか差支《さしつか》へなき程の支度《したく》を、日々仕込み置く事なり。かくの如きのもの、江戸中に所々ありて、また仕出しというて、何百人前にても誂《あつら》へ人次第、いづれまでも持ち出すなり。これを以《もっ》て、業体の繋昌なる事、また奢《おご》る人の沢山なる事を知るべし」

「都鄙《とひ》（全国）の福有人・放蕩《ほうとう》人等、かねて気に入りの太鼓持どもを連れ参り、遊芸者・踊り子など呼び集め、当世の大名なりといはんばかりの風情になし、身には美服を重ね、腰のものも金銀を尽し、花やかなる懐中物、金銀珊瑚《さんご》の腰提《こしさげ》、口には山海の美味を食ひ、目には美色を見尽し、耳には歌浄瑠璃・三味線の淫声を聞き尽し、己《おの》れもともに謳《うた》ひつ舞ひつ、有頂天になりて蕩《とろ》け回り、そのうち己が心に叶《かな》ひたる女と密会などいたし遊び戯れる有様は、とても貴人には及ぶまじきなり」

「料理茶屋・遊芸者は世の愛敬に入り、果報の集まる所なれば、渡世に逼《せま》る事も気を屈す

宴席の芸者　　春章『役者夏の富士』挿絵

る事もなく、明けても暮れても賑やかに面白く、貴賤の差別もなく、貴人も恐れず、殊に懐中軽き侍客などは邪魔者にして疎略に取り扱ひ、下賤たりとも金銀多きは大切の客と尊敬し、世の人情一段別に離れたるものにて、すべて義理の立て引きも違ひ、ただ人を賺《すか》し蕩かして過ぎゆくものなり。もつとも客なるものに上中下の段々次第あること故、料理茶屋もその如く上品中品下品ありて、町々にあまた出来、その以下すべて当世食物の奢りに増長せし事にて、鰻屋・汁子《ママ》屋・菓子屋・煮売屋などあまた出来、道辻とても食物の商ひ繁多なること、数限りなき事どもなり。かかる放逸無《む》慙《ざん》の場所へ山海の好味寄り集まり、ありあまりて遊民等がほしいままに食ふなど、世の大変といふべきなり」

「踊り子」はもちろん、芸者のこと。ここでいう遊芸者は歌舞伎の役者や幇間を指しているのだろう。
この文章には難しい語も出てくるが、現代語に直すと雰囲気を損なってしまうので、括弧の中に註を入れるだけに留めて、原文のまま掲載した。

3、船宿

船宿は元々、各種の船を所有・管理する業者の事務所兼客の宿泊所を言った。のちに料理を提供するようになり、料理茶屋および引手茶屋の役割を果たす船宿も現れた。『世事見聞録』が船宿について簡素に説明しているので、それを引く。

船宿といふもの河岸にありて、屋形船・小屋形船・屋根船などいへるを浮かめて、奢る人（遊客）の川涼みの遊所への送り迎へなどいたし、水主《かこ》（船を操る人＝船頭）を数人抱へ置き、その身（船宿の主自身）は船漕ぎの業もせず、小袖を着て客人に付き添ひ、遊所へ参り、太鼓持の如く諸事の欠引《ママ》（遊女の抱え主などと交渉）なして金銀を貰ひ、また我が亭も（自分の船宿を）かの料理茶屋の如く二階座敷など拵《こしら》へ、船頭の宿に似合はざる造作《ぞうさく》を致し、床・違棚《ちがいだな》などありて当世流行の詩人・画人の書ける軸物を懸け、あるいは炉を切り風呂を据ゑ（茶の湯の風炉を拵え）、薄茶の立前など設け、または客の送り迎へとして、遊女・遊芸者など付き添ひ来たる時は、酒宴を致させ、その上密会を致させ、座敷料を取るなり。

江戸は水上交通が発達した都市だった。秩父《ちちぶ》を水源とする荒川、上州（群馬県）を水源とする利根川など、関東の西北を水源とする川は中世まで、武蔵国北部（現代の埼玉県）で合流し、また細かく分流して江戸湾（現代の東京湾）に注いでいた。現代の利根川は群馬県から千葉県銚子《ちょうし》に向かって東へ流れているが、江戸時代初期に徳川家康が利根川の水を東に捌《さば》く大工事を行ってからそうなったのである。つまり、関東平野中央部（現代の埼玉県東部と東京東部）は、荒川・利根川など、大小の川が入り組む低湿地だった。家康は隅田川の東の低湿地に多数の運河を掘り、掘った土を盛り、低湿地を住宅地・農地に変えたのである。

船宿は隅田川・幾多の堀・江戸前の海を利用する客を対象に造られた。船宿が所有している舟（船）を大別すると、人を運ぶ船と荷物を運搬する荷船の二種類。人を運ぶ舟は、交通手段としての猪牙舟《ちょき》、隅田川に出て遊ぶための遊山船《ゆさん》（屋形船）があった。ほとんどの船宿は猪牙舟や遊山船を所有する遊山船宿で、荷船宿は全体の一〇分の一くらいしかなかった。

船宿は吉原が浅草寺裏に移転した後に誕生した。つまり船宿は、江戸城の周辺の人々を二大遊里（浅草寺裏の吉原と隅田川河口の深川）に運ぶ目的で生まれたのである。遊山船宿と言っても、メインの仕事は足の速い猪牙舟を使って、遊客を送迎することだった。

船上に四本の柱を立て、その上に屋根を付けた屋形船には、大きい船と小さい舟があった。広重などの浮世絵に描かれている花火の見物客が使ったのも遊山船である。花火見物は季節が限られたが、花火見物以外の船遊び・川遊びは季節に関係なくできた。

屋形船の顧客の中心も留守居役と札差などの金持ちの町人だった。留守居役と札差についてはのちに詳しく記す。

船宿はのちに建物を建て替えて、料理茶屋に変わり、吉原の引手茶屋および上方の色茶屋の役割を果たすようになる。立派な建物を建てて、宴会の客も取っただけでなく、小部屋（小座敷）を造って、男女の密会場所として提供した。また船宿が所有する小型の屋形船は男女の逢《おう》瀬《せ》に使われた。歌舞伎の世話物に遊び人が芸者を連れて小型の屋形船で遊ぶ場面が出てくる。

つまり船宿は、遊女・芸者を仲介する引手茶屋・待合茶屋も兼ねた（船宿茶屋とも言った）だけでなく、遊女・芸者と客などの男女の密会場所でもあり、船（屋形船・猪牙舟）を所有する運搬業者として、屋形船を宴会場および男女の密会場所として提供し、吉原や深川で遊ぶ客を送迎する仕事も行った。

柳橋の料理茶屋
広重『江戸高名会亭尽・柳ばし夜景』
国立国会図書館ウェブサイトより

享保一七（1732）年刊『江戸砂子《すなご》』は、船宿の多い町に、柳橋・箱崎・今戸堀《いまどぼり》をあげている。また石井良助編『江戸町方の制度』は船宿があった町に、日本橋東西の河岸・鞘町《さやちょう》の河岸・本銀町《ほんしろがねちょう》一丁目・江戸橋・堀《ほり》江町《えちょう》・伊《い》勢町《せちょう》・両国橋東西・米沢町《よねざわちょう》・柳橋・本所一ツ目・本所石原・浅草橋東西・鉄砲洲《てっぽうず》・霊巌島《れいがんじま》・小網町《こあみちょう》・深川各所・筋違《すじかい》・佐《さ》久《く》間町《まちょう》河岸・牛込《うしごめ》御門外・新橋・汐留《しおどめ》をあげている。

多数の町が出てくるため、現代の町名との対比は略すが、船宿は要するに、隅田川河口の西側の新橋・汐留、同東側の深川以北など、隅田川の周囲にあった。上記のうち、柳橋の船宿は吉原、八丁堀・新川・汐留橋・木挽町の船宿は深川で遊ぶ客を送迎したのである。

また幕末に成立した『守貞謾稿』の「江戸船宿」の条に、「堀江町・柳橋辺・日本橋・江戸橋・山谷川岸。各十余戸あるひは二十余戸、軒を比する者多し。その他諸川岸に散在する者、その数挙げて知るべからず（文化中六百余戸あり）。皆川船宿にて、荷船宿もあれども十ヶ一にて、その九は川遊び船を専らとし、各小戸なれども洒掃《さいそう》（拭き掃除）を精《こま》かく、屋造り奇麗《きれい》を専らとし、男女の密会をなし、あるひは客の求めに応じ宴席を兼ね、また青楼娼家に引手と号《なづ》け導くことをなす。深川等の遊里盛んなる時は、その遊客・遊女を乗するにより、はなはだ繁多なりしが、遊里廃止の後はなはだ衰へたり」とある。

つまり、文化期（1804〜18年）の船宿は隅田川の周囲に六百余軒もあった。「十ヶ一」は「十のうちの一」、「遊里廃止の後」は「天保の改革の時、売春が禁止されたが、その後は」という意味。

幕末から近代にかけて、柳橋・新橋など料亭が繁昌したが、柳橋・新橋などの船宿が料理茶屋になり、さらに料亭と呼ばれるようになったのである。

4、留守居役と札差

料理茶屋・船宿の一番の上客は各藩の江戸詰めの武士だった。江戸時代はすべての藩が江戸に屋敷を構えていた。正室は人質として、歿するまで江戸に止め置かれたが、藩主は一年置きに国許もしくは江戸に住んだ（参勤交代）。各藩の藩主が帰国している間、各藩の江戸屋敷を預

江戸芸者1
国貞（三代豊国）『浮世名異女図会・江戸町芸者』
国立国会図書館ウェブサイトより

かり、藩主に代って取り仕切った武士を留守居役と言った。留守居役は藩を代表して、幕府や他藩の役人との交渉を担当したが、交渉を円滑に進めるため、幕府や他藩の役人・御用商人を料理茶屋に招いて接待した。要するに、官々接待で、現代は「官房機密費」が問題になっているが、留守居役は藩の機密費を使って、幕府や他藩の役人を接待したのである。芸者はその場に呼ばれて、踊り、三味線音楽を演奏すると同時にホステス役も務めた。

留守居役に次ぐ上得意は札差だった。札差は徳川家が幕臣（直接の家来）に与える扶持米を管理する商人をいう。江戸時代の武士は主（徳川家や各藩主）から支給される米で生活した。徳川家直々の家来である旗本・御家人《ごけにん》の給与である扶持米は浅草の蔵（御蔵）に貯蔵されていた。その米を蔵米と言ったが、札差は旗本・御家人に代わって蔵米を受け取って換金し、換金手数

3月の新刊4冊

日本のカルトと自民党

政教分離を問い直す

橋爪大三郎 社会学者

問題は統一教会だけではない。カルトの正体を見抜き、息の根を止めるために何が必要なのか。宗教社会学の第一人者が、宗教と政治のあるべき関係を解説。

定価1,276円
978-4-08-721257-0
A.政治・経済

反戦川柳人 鶴彬の獄死

佐高信 評論家

「万歳とあげて行った手を大陸へおいて来た」昭和初期、痛烈な川柳で軍国主義に走る政府を真っ向批判。命がけで反戦を詠んだ川柳人29年の生涯に迫る。

定価1,078円
978-4-08-721256-3
F.文芸・芸術

江戸の芸者

近代女優の原像

赤坂治績 江戸文化研究家

2円
1255-6
芸術

料を受け取った（大坂の札差は掛屋と言った）。

江戸時代中期以降、札差は米を担保として武士を相手に高利貸を営み、膨大な富を築いた。つまり、札差は武士を相手に米を扱う「政商」で、同時に高利貸だった。

各藩の留守居役、札差などは、接待の場として（というより、自分が遊ぶため）料理茶屋・屋形船を利用して、そこに芸者を呼び、飲食しながら芸事を楽しんだのである。

『守貞謾稿』巻之二十一（娼家上）の「芸子」の条に、「江戸には、町芸者と号け、市中に住して宴席に出る者、はなはだ多し。京坂ともに、これに准ずる者、更にこれなし。官許・非官許の遊里に芸子あるのみ。けだし、三絃の師女、往々芸者の業を学び、臨時宴席に携へ、あるひは召に応ずること、京坂および江戸にも町芸者のほかにこれあり」とある。

五、寛政の改革と芸者

話は少し遡る。安永六（1777）年七月から八年にかけて、伊豆大島の三原山は何回も噴火を繰り返す。これが天明七（1787）年まで九年間も続いた天変地異のプロローグだった。

特に天明後期の天候不順（冷害）は深刻で、現代の東北地方の各藩は多数の餓死者を出した。

当時の史料によると、弘前藩は天明三（1783）年九月から同四（1784）年六月までに死者八万人、盛岡藩は天明三年に死者六万人、仙台藩は同年に三〇万人、秋田藩は同年に六〇〇〇人死亡したとされる（江戸時代の史料なので、正しい数は不明）。

幕府の調査によれば、安永九（1780）年の全国の人口は二六〇一万六〇〇〇人で、天明六（1786）年の人口は二五〇八万六四六六人だった。つまり、安永九年から天明六年までで、九二万四一三四人も人口が減少したのである。また寛政四（1792）年の人口は二四八九万一四四一人だった。ということは、天明六年の人口よりさらに一九万五〇二五人も減少している。つまり、安永九年と寛政四年を比較すると、一一一万九一五九人減少したことになる。天明年間の全国にわたる飢饉《ききん》がいかに凄まじかったかわかるだろう。

一方、江戸などの大都市では、米価が高騰し、米の買えない庶民が暴徒化して米商人などを襲った。つまり、都会では打《う》ち毀《こわ》しが起きた。

打ち続く天災の中で、天明六年八月、老中の田沼意次《おきつぐ》が解任され、九月には一〇代将軍・徳川家治《いえはる》の死亡が発表された。

翌天明七年四月、徳川家斉《いえなり》が一一代将軍に就任。同年、御三卿の一つ田安家の松平定信（吉宗の孫）が老中首座（翌年、将軍補佐）になり、のちに寛政の改革と言われる改革に取り掛かる。

寛政の改革の二大テーマは物価引き下げと風紀取締り（思想の引き締め）である。

八代将軍・徳川吉宗は寛保二（１７４２）年に、上下二巻からなる徳川幕府の基本法典『公事方御定書』を定める。上巻は司法関係の基本法令八一通、下巻は旧来の判例に基づいた刑事法令を収録した『御定書百箇条』である。

幕府は寛政三（１７９１）年、『御定書百箇条』に「踊子呼び寄せ為致遊女候料理屋所払」という条文を挿入した。つまり、「芸者を呼んで宴会をさせた料理屋は所払いにする」ということ。ところが、改革は早々と行き詰まり、寛政五（１７９３）年七月、定信は老中を辞職。松平信明《のぶあきら》ら「寛政の遺老」によって、改革が続行される。

深川芸者2
春信『深川楼』東京国立博物館蔵
出典：ColBase（https://colbase.nich.go.jp/）

寛政五年、五六カ所の岡場所が取り潰された。逆にいうと、江戸にはそれまで、五六カ所を上回る岡場所があったのである。

寛政八（１７９６）年八月、「町方女芸者、踊子、其外茶屋女等の名前を顕《あら》はしたる絵を認め売り候儀不相成候此先き右様の者有之候はば当人は勿論名主共迄急度《きっと》可申付候」という町触が出される。「芸者（踊子）や茶屋女を描いた絵を制作・販売してはいけない」という趣旨である。寛政一〇（1798）年二月には五二名の芸者が検挙される。大田南畝の『半日閑話《はんにちかんわ》』に逮捕された芸者の名前・住所・年齢などが載っている。最年少は一五歳で、最年長は二九歳だった。一〇代（一五〜一九歳）が二三名、二〇代（二〇〜二九歳）が二九名だから、踊子時代より平均年齢は少し高くなっている。

住所でいうと、柳原同朋町が多く、一四名もいた。神田川が隅田川に合流する手前の南岸に柳が植えられていた。そのため、現代の千代田区神田須田町《すだちょう》二丁目から中央区日本橋馬喰町二丁目まで（現代の秋葉原駅から浅草橋駅にかけて）を柳原と言ったのである。柳の木が植えられている平らなところの意である。柳原同朋町は、隅田川西岸の神田川南側（中央区東日本橋二丁目）。つまり、寛政期になると、隅田川の西、神田川南の、すなわち（橋の名ではなく）地名としての柳橋は江戸で一番の花街になっていた。柳橋についてはのちに詳述する。

『半日閑話』にこの時逮捕された者たちの判決文が載っているが、芸者に場所を提供した料理茶屋の主の二人は「身上に応じて過料取り上げ、所払い」すなわち「資産に応じて罰金の徴収、居住地からの追放」という『御定書百箇条』通りの重い判決だった。

逮捕された芸者五二名のうち、六人だけは「押し込め（外出禁止）」で、ほかの四六名は「この女たちは、唄・浄瑠璃・三味線を習い覚えて、両親・親族を養育するため、芸者になり、料理茶屋・遊山船などへ出かけ、座敷料を受け取っている。この者たちはかねてより、馴染《なじ》みの客と不義を行っているが、いずれ妻にすると言われているため不義を行っているのであって、売春ではないと主張している。その主張は、隠売女と紛らわしく、誠にけしからんが、このたびは大目に見て、叱りおく」（現代語訳）という軽い処分だった。六人以外は「急度叱り」だけで済んだのである。

享保八（1723）年以降、検挙された遊女・芸者は吉原に送られ、二年または三年間、遊女勤めをさせられたが、判決文を読むと芸者たちの言い分をそのまま取り入れた温情ある判決のように思える。享保八年の判決と寛政一〇年の判決が異なったのには事情があった。

寛政の改革は寛政五年七月に頓挫した。その半年近く前の同年二月末、老中・松平和泉守乗《いずみのかみのり》完《さだ》は「隠売女御仕置当分取計方之事《とりはからいかたのこと》」という通達を出した。その趣旨は「隠売女を使って商売する抱え主・請け人・家主・五人組・名主・地主は、何度処分しても、一向に阿漕《あこぎ》な商売を止めない。そのため、再犯した抱え主らは重罰に処す」というもの。一方、芸者に対しては「釈放して、親元へでもどこへでも、当人の願うところへ帰せ。しかし、吉原が捕らえた女と行く先がない女は三年間、吉原に下げ渡せ」というものだった。

いわば、芸者・遊女には甘く、抱え主には辛い方針だ。吉原の者が加わって岡場所の遊女を検挙する時は、客の付く上玉《じょうだま》（美人）だけ選んで検挙する。しかし、町奉行所・道中奉行所などが検挙する時は、遊女の美醜は吟味しない。手当たり次第に捕まえるので、売り物にならない遊女も混じる。売れない遊女を送り込まれても、吉原はうま味がない。それに、大不況時代だった寛政期は、芸者・遊女集めに苦労しなかった。つまり、吉原に泣きつかれて、町奉行所は抱え主などだけ処分し、芸者などは解放する方針に切り替えたのである。

捕えられた芸者のうち、六人だけはやや重い処分になった。おそらくこの六人は身元引受人がいなかったのだろう。

再び『賤のをだ巻』を掲げる。「（天明～寛政期には）色町だけでなく、一般の市中にも二～三名の芸者がいるようになった。幕府公認の廓・吉原、準公認の廓・品川の妨げになるので、吉原が訴えて、高輪辺りの芸者一二～一三人が逮捕されたこともあった。近頃の娘は芸者になる者が多く、遊女になる者は減った。また寛政の改革が始まったため、芸者も素人風を装うようになった」（現代語訳）とある。

第Ⅳ章　吉原の廓芸者

一、吉原の誕生

江戸市中の町芸者（江戸芸者）と幕府公認の廓・吉原の芸者（吉原芸者または廓芸者）は成り立ちも性格も異なる。

徳川家康は天正一八（1590）年八月に江戸城へ入った。家康は慶長八（1603）年に江戸幕府を開いたが、その年以降、江戸の町の造成が本格化する。

江戸城拡張や町の造成のため、全国から多数の人足を集めた。江戸に来た人のほとんどは男だったので、各所に遊女屋ができた。江戸には初期から多数の遊女屋があったのである。

吉原の成立に関しては享保年間（1716〜36年）に大岡越前守が江戸の町々に提出させた由来書を根拠にしたものが多い。吉原の遊女屋経営者の庄司甚内《しょうじじんない》（のち甚右衛門《じんえもん》）の末裔、庄司勝富《かつとみ》の著書『洞房語園《どうぼうごえん》』の吉原の成立に係るくだりもその由来書に基づいて書かれている。

しかしこの説は、江戸時代から疑問とされてきた。

甚右衛門たち遊女屋は幕府成立直後から幕府に、「江戸の各所に遊女屋が散在しているのは治安上宜しくない。遊女屋を一カ所に集め、市中の遊女屋を禁止して欲しい」と願い出た。その願いが叶えられ、江戸市中に点在していた遊女屋を日本橋東方の葺屋町《ふきやちょう》（現代の日本橋人形町三丁目～富沢町《とみざわちょう》）に集め、元和四（１６１８）年に開業した、というのが由来書の骨子である。

京の廓は豊臣秀吉の時代から存在した。徳川幕府は秀吉の遊女屋政策を踏襲して江戸・京・大坂などに遊廓を造ったが、甚右衛門たち遊女屋の要望を受け入れて遊廓を造った、という形にしたのだろう。

幕府は江戸では吉原だけ公認し、吉原の成立以降、江戸市中における売春を禁じて取締った。そして、吉原を保護するため、時折、江戸市中の岡場所の「けいどう（私娼の検挙）」を行い、捕えた遊女を吉原に送った。換言すると、幕府公認の遊廓、吉原における売春だけが合法で、ほかのところにおける売色は非合法だった。

吉原が成立した二三年後、寛永一八（１６４１）年に成立した仮名草子作者・三浦浄心《みうらじょうしん》（１５６５～１６４４年）の『そゞろ物語』に「町造りの頃、隅田川東南の海際に葦原《あしはら》があり、その地に遊女町を立てようと遊女屋たちが葦を刈って造成した。葦原には、能・歌舞伎の舞台が立ったほか、勧進舞・浄瑠璃なども興行されたので、僧俗貴賤老若が群集した」（現代語訳）とある。吉原開業時の三浦浄心の年齢は満五三歳。三浦の記憶は正確のように思われる。

歌舞伎の祖・出雲《いずも》のお国の一座は、慶長一二（１６０７）年に江戸へ下り、江戸城などで興行した。お国の後を追って、佐渡島正吉《さどしましょうきち》・葛城太夫《かつらぎだゆう》・村山左近など、遊女歌舞伎の一座も、慶長一九（1614）年以降、江戸へ下り、葦原で興行した。

おそらく、葦原の近くにも、造成にとりかかる元和三（1617）年の前、慶長の末（1613〜15年）くらいから傾城《けいせい》（遊女）屋が存在していたのだろう。江戸城に近い京橋・麴町《こうじまち》・神田の鎌倉河岸などには開府直後から遊女屋があった（初期は湯女が多かった）。それら江戸市中に点在していた遊女屋を新しく造成した葦原に集め、幕府公認の遊廓にしたのだろう。

幕府公認の遊廓は当初、葦原と表記した。「葦」は一般的に「あし」と読む。縁起が良くないので、「よし」と読み換え、のちに吉原と表記するようになったのである。

二、吉原の移転

幕府は隅田川西岸の湿地に官許の廓（吉原）ともう一つの悪所である芝居町を造った。二つの悪所は共に集客力があったため、そこへ来る客目当てに、周りに商家などが集まり、辺りは繁華な地になった。吉原と芝居町は江戸城に近い。江戸城近くに悪所が二つもあっては風紀上宜しくない。そのため、廓だけ郊外へ移すことにしたと思われる。

幕府は明暦二（1656）年一〇月、吉原に対し、隅田川の東北に位置する本所か浅草寺裏（浅草田圃《たんぼ》）のどちらかへ移転するよう命じた。幕府はスムーズな移転を促すため、①五割増しの土地を与える、②夜間営業も認める、③市中の湯女がいる風呂屋を禁止する、④町役（山王・神田両祭、火事の際の跡火消し）を免除する、⑤引っ越し料一万五〇〇〇両の下賜、という好条件を付けた。

ところが、翌明暦三（1657）年一月、江戸の市街のほとんどを焼失する大火が発生（「明暦の大火」または「振袖火事」と言った）。浅草寺裏へ移ることに決めた吉原の経営者は、明暦の大火から約半年後の明暦三年八月から営業を開始した。以後、新しい吉原を新吉原、移る前の吉原があったところを元吉原と呼んだ。

なお、前述の移転条件のうちに町役の免除があった。町役は金銭や労務の負担を言い、現代の税金にあたる。元吉原の時には町役も担っていたようだが、新吉原に移転した後、町役は免除された。つまり、吉原の遊女屋（の経営者および遊女屋に抱えられた遊女）は町人の身分ではなくなったのである。換言すると、遊女屋の身分は賤民（被差別民）だった。

付言すると、禁止されていた市中の遊女屋は、別の看板を表に掲げながら、裏で遊女屋を営んだ。そのため、同じ遊女屋でも、幕府公認の新吉原の遊女屋は賤民で、市中で隠れて営業し

元禄期の吉原　菱川師宣『吉原の体』東京国立博物館蔵
出典：ColBase（https://colbase.nich.go.jp/）

ている遊女屋は平民（町民）という奇妙なことになってしまった。

時代は下って、天保一二（1841）年一二月、天保の改革の一環として、幕府は芝居町に対し、浅草寺の裏へ移転することを命じた（のちに猿若町《さるわかちょう》と言われるようになる）。浅草寺裏の隅田川西岸にはエタ（賤民）頭《がしら》・弾左《だんざ》衛門《えもん》の広い屋敷があり、屋敷内には多数の人々が暮らしていた。また先述したように、浅草寺裏には新吉原もあった。つまり幕府は、弾左衛門の屋敷の近くに、同じ賤民の身分の遊女屋町と芝居町を集めたのである。

三、新吉原の初期の芸能

江戸時代はすべて格付けされた身分社会・階級社会だった。吉原の遊女屋・遊女にもランクがあり、格の高い店を大籬《おおまがき》と言った。遊客が遊廓へ行く目的は遊女とのセックスである。吉原の大籬は遊女に付加価値を付けるため、客と遊女の性交の前に必ず宴会を行うなど、面倒な手続きを設けた。

ところが、料金が高過ぎて、元禄年間（～1704年）を過ぎると大籬の客は減少、格の低い遊女屋は宴会などを省略し、すぐ遊女と性交できるよう改めた。しかし、「高級」遊女屋の手続きは依然として煩雑で、宴会をしなければ次の段階へ進めない仕組みになっていた。

位の高い遊女屋が煩雑な仕組みにしたのは、二つの目的があったのだろう。一つは、宴会を行うことで、宴会料金が徴収できる。引手茶屋も潤うが、実質的な価格の吊り上げである。もう一つは、客を焦《じ》らすこと。つまり、もったいぶって、遊女に付加価値を付けたと言える。

一方、市中（岡場所）の遊女屋は、時間で遊女を買うシステムで、客は遊女が着くとすぐ性行為に及んだ。岡場所は、煩雑な手続きは必要なく、客は手軽に欲求が満たせたのである。

吉原の江戸時代初期の遊客は、ほとんどが大名など位の高い武士だった。江戸時代初期の吉原の料金は目玉が飛び出るくらい高かったが、当時、金を持っていたのは位の高い武士だけ。大名クラスの武士でなければ吉原で遊べなかったのである。仙台藩の三代藩主・伊達綱宗が元吉原に通った話は有名で、綱宗は吉原の大籬・三浦屋の太夫・高尾に惚れて通い詰めたものの、拒絶されたため、高尾を切り捨てたという伝説がある（歌舞伎の『助六由縁江戸桜《ゆかりのえどざくら》』は三浦屋の前で話が展開する）。

江戸幕府開府後も戦火は燻《くすぶ》っていた。開府の一一～一二年後、慶長一九（1614）年に大坂冬の陣、翌二〇（1615）年に大坂夏の陣が起きている。つまり、武士たちは、江戸時代初期まで殺し合いをやっていたわけで、「教養」を身につける余裕はなく、武士は教養を身につけた貴族や京にコンプレックスを抱いていた。

吉原の経営者は武士の貴族コンプレックス・京コンプレックスを刺激するため、位の高い遊女に京の文化を教え、教養を身につけさせて、商品価値を高めた。

元禄末期か宝永初期に成立した『吉原徒然草《つれづれぐさ》』は鎌倉時代末期の随筆『徒然草』のパロディで、作者の結城屋来示《ゆうきやらいし》は吉原の妓楼の主で俳諧師・其角《きかく》の門人。その一二三段に、「女郎の才能は、文すらすらとして、客の目によめるを第一とす。次には琴ひくこと。むねとすることはなく共、是《これ》を習《ならふ》べし。客の馴染なき内のけしきあらん為也。次に小歌を覚《おぼ》ゆべし。客を掛、人を慰め、ぜんせいのつとめも、小歌、仮初《かりそめ》にもなくては有《ある》べからず。次に三味せん引《ひく》事、女郎の常なり。必《かならず》是を心懸《こころがく》べし。小歌・三味線の道、誠にかけては有べからず」とある。

つまり『吉原徒然草』の作者は「女郎の才能」として、「文すらすら」すなわち文字が読めることだけでなく、琴の演奏・小歌が歌えること・三味線が弾けることをあげている。『当世武野俗談《とうせいぶやぞくだん》』（前出）によると、松葉屋の遊女・瀬川は三味線・浄瑠璃・茶の湯・俳諧・碁・双六《すごろく》・鞠・鼓・笛・舞などにすぐれ、能書で絵も上手だったという。

最高位の遊女を太夫と言ったが、江戸時代初期の吉原では、太夫など、位の高い遊女が、琴・三味線を演奏して歌い、踊って、宴会を盛り上げていた。位の高い遊女は、和歌などを教えてもらい、音楽・舞踊を習って、教養を身につけ、宴会の時には音楽を演奏して歌い、踊ったのである。

しかし、元禄のバブル経済が崩壊し、享保の改革が始まると、幕府は金のかかる吉原通いを厳しく咎めたため、位の高い武士であっても吉原で遊べなくなる。

吉原側から言えば、収入が減少したわけで、吉原の経営者は高い教授料を支払って遊女に教養を身につけさせる余裕がなくなった。そのため、吉原の経営者は江戸時代中期以降、大金をかけて遊女に教養を身につけさせることを放棄、音曲の素養のある遊女が減少した。

先ほど、遊女も格付けされたと述べた。吉原の遊女は最高位の太夫以下いくつかの階級があったのである。時代はだいぶ下るが、慶応元（１８６５）年刊の『俗事百工起源』の「遊女を太夫と云ふ始」の項に出てくるように、太夫は元々、女歌舞伎の最高位の遊女をいう尊称だった。また若衆歌舞伎から野郎歌舞伎に変化した後も、最高位の女方を太夫と言った。つまり、歌舞伎用語が遊里に残ったのである。

大金を使える客が減ったことで、宝暦年間（1751〜64年）以降の吉原は、太夫の位はなくなり、料金も岡場所に近づいていき、宴会の音曲も若手の遊女の担当になる。

だいぶ後の史料だが、天保一一（1840）年の跋《ばつ》（後書き）のある山崎美成《よししげ》の『三養雑記』に「歌舞、もと遊女のわざ（技）なるを、上色のもの（高位の遊女）は、高上にかまへ（高慢に構え）、自《みずから》は絃歌（歌や踊り）を弄せず。又は不得手なるもありしより、後には、せぬこととなりしにもあるべし」と出てくる。

幕末に成立した『守貞謾稿《もりさだまんこう》』の「女芸者」の項にも、「昔は女芸者これなし。遊女専ら三絃を鼓して興をそへ、あるひは新造の所作とす。故に当時の遊客、時として云ふ、三線の出来る新造を上げよなど丶云へり。見世を張る時も常にこれを弾けり。これ吉原のことなり」と出てくる。新造は年若の遊女を言った（吉原と岡場所では少し意味が違った）。

一方、年を経るごとに市中の遊女屋は増加した。そのため、吉原の経営者は、奉行所に何回も、市中の遊女屋を取締ってくれるよう請願した。「けいどう」によって一時期、市中の遊女屋は消滅するが、少し時間が経《た》つとすぐ復活する。そして、また「けいどう」があり、少し時間が経つと遊女屋が復活というイタチごっこを繰り返した。

吉原の遊女の位付けは宝暦（18世紀半ば）以後も形だけ残ったが、実質的には壊滅し、「姉女郎」と言われた年長の遊女と、「新造」と言われた新人の遊女に分かれていただけだった。吉原では江戸時代後期、位の高い遊女を花魁《おいらん》と呼んだが、語源は「おらが姉さん」とされる。

借金のカタに買われてきた遊女見習いの少女を禿（かぶろ・かむろ）と言った。新造の多くは禿あがりだったが、もちろん、新しく買われてきて新造になった人もいた。

禿は七・八歳〜一二・三歳くらい、新造は一三歳〜一六歳くらい、姉女郎は一七歳以上だった。禿・新造は姉女郎の身の周りの世話をし、逆に姉女郎は禿と新造の生活費のすべてを負担した。

なお、「傾城《けいせい》」は「城を傾かせる」＝「一国を崩壊させるほどの美女」という意味で、要するに格付けの高い遊女の美称である。

四、吉原の廓芸者の誕生

中公新書『吉原』の著者・石井良助氏は自身所蔵の「御触書留帳《おふれがきとめちょう》」に基づいて吉原の遊女

の数を調査し、享保六（1721）年一一月の遊女の総数は八一七一人と推定した。二万坪余の一角に一万人に近い大勢の遊女が閉じ込められていたことになる。

吉原の遊女屋は二種類の宣伝書（遊女評判記と吉原細見《さいけん》）を発行していた。遊女評判記は、役者評判記の模倣で、遊女の評判を記した冊子。ところが、遊女数の増加に反比例して、遊女評判記の発行回数は減少し、享保末期（～1736年）以降、遊女の名前だけ載せた吉原細見に移行する。遊女の数が多くなり過ぎて、名前しか掲載できなくなったのである。

先ほど述べたように、初期の吉原では、位の高い遊女が宴会の芸能を担っていたが、その状態は享保末期くらいまで続いたと推測される。

元文五（1740）年のけいどう（臨検）で市中の遊女・踊子が検挙され、吉原に収容される。『享保撰要《せんよう》類集』の「隠売女之部」に、「元文五申年七月十二日、松平左近将監殿え上ル、踊子と申立隠売女差置候地面之儀ニ付申上候書付、此度水野《みずの》備前守懸りニて、踊子と申立隠売女致候者共召捕候ニ付、地面之儀奉伺候処」とある。

吉原細見には遊女の名前の上にさまざまな印が付いている。その印によって分類すると、同じ元文五年刊の吉原細見『新板《しんぱん》八声鶏《やこえのとり》隠里《かくれざと》』に六名の「おとり子（踊子）」の名前が出てくる。「すみへ」と「小りつ」は揚代二分の部屋持、「あしたず」は揚代三分の散茶格の座敷持、「松の」は文金一分の散茶格の座敷持、「ふじへ」と「つねよ」は部屋持である。部屋持・座敷持・散茶は要するにハイクラスの遊女である。

この六名の踊子はほかの史料にも出てくる。深川で捕えられた女たちと考えて間違いないようだ。深川など、市中で検挙された踊子たちは、吉原に収容されて遊女となったが、吉原でも踊子を兼ね、揚屋・引手茶屋で催される宴会にも出た。

幕府の司法法典『公事方御定書《くじがたおさだめがき》』の下巻『御定書百箇条』の「隠売女御仕置之事」にも隠売女と並んで踊子という語が見える。

享保年間以降、幕府はたびたび、けいどうを行うようになるが、吉原の妓楼の経営者の要望に応えてたびたびけいどうを行ったのだろう。

江戸時代初期の吉原の遊女は借金のカタに売られてきた娘が多かった。経営者は親などに金を払い、年季が明けるまで遊女として働かせたが、そのような遊女が多い妓楼の経営者は儲けが薄い。経営者の理想は、只《ただ》（無料）で働かせられる遊女を多数抱えること。

けいどうで検挙されると、遊女・踊子は二〜三年間、吉原で遊女をすることになっていた。つまり、経営者は安い金で遊女を働かせられたのである。市中の踊子を捕まえ吉原に収容すれば、宴会の時、安く芸をさせられる。

寛保三（1743）年春に発行された吉原細見『通家美』には一四人の踊子が載っている。寛保三年春以前にけいどうがあったようで、吉原の踊子の数が急増している。99頁「踊子は処分せず」の項に記したように、寛保三年閏四月にも踊子が逮捕されている。旧暦の四月は初夏なので、四月の検挙とは別に、春以前に別の所で検挙されたと思われる。寛保三年に葺屋町周辺で逮捕されたのは踊子で、この時から踊子は叱られるだけで釈放されることになったので、この時に検挙されたのは他の岡場所の遊女であろう。

『続譚海』の寛保三年の記事に逮捕された踊子・比丘尼《びくに》（尼僧体の遊女）に関連した次のような落首が載っている。「三夕暮　又橘《たちばなちょう》町おどり子、新吉原へ被下候義有之候ニ付、当夏ハ涼舟も少く成候ニよりて云か」「見渡せハ舟も花火もなかりけり、両国橋のあわれ（秋の）夕くれ」「おとり子ハ皆色里へとらわれてすまゐも馴ぬ秋の夕くれ」

つまり、元文〜寛保期の吉原の踊子（芸子・芸者）の大半はけいどうで逮捕された市中の踊子とみて良さそうである。

宝暦三（1753）年にも大規模なけいどうがあり、三田村鳶魚《えんぎょ》は『江戸芸者の研究』で、「（逮捕された）人数の多いのでは、宝暦三年正月に深川で検挙した一〇四人を、吉原町へ交付したのが第一であろう」と述べている。

宝暦三年春の検挙は幕府の公式記録に出てこないが、この検挙について佐藤要人氏は『江戸深川遊里志』で詳述している。また浅野秀剛氏も論文「吉原の女芸者の誕生」（『シリーズ遊廓社会1　三都と地方都市』所載）で、宝暦四年の遊女評判記と吉原細見を取り上げて、この検挙を検証している。宝暦三年春にけいどうがあったことは間違いないようだ。

宝暦八（1758）年の序がある馬場文耕の随筆『当代江戸百化物《えどひやくばけもの》』の「芸者年員の弁」の項に、「深川中町本屋おろくと云ふ名高き芸子あり。此《この》前深川怪動《けいどう》の節、捕れと成て（逮捕されて）、新吉原へ下され、京町長崎屋へ入札落て、吉原の勤め二十四ヶ月、廿五《にじゆうご》ヶ月目年明て、又々深川を勤めけるに、一年半立て又々怪動にて、二度吉原へ生捕れ、其後は京町俵屋へ入札落る。又々廿四ヶ月新吉原の勤仕廻て、又深川へ帰る。其内外凡《およそ》九年程にて、初め吉原へ捕れ行し時は十九の年なり。十九より九年二十八才也。夫より又深川へ帰り、芸子をして四年なれば其年三十二歳疑ひなし」というくだりがある。

これについては前に要旨を載せた。深川芸者のおろくは二回捕まり、吉原でも踊子をしていたが、深川に帰った時は三二歳になっていた、と言っている。

明和五（1768）年の吉原細見に初めて、「吉原けいしや（芸者）の部」が纏めて掲載される。以降、吉原の芸者は、男芸者と女芸者に分けて掲載されるが、「義太夫おとりこ（踊子）」

吉原の宴会　　西村重長『新吉原月見之座舗』東京国立博物館蔵
出典：ColBase（https://colbase.nich.go.jp/）

「けいこ（芸子）」の文字も見える。この頃は踊子と女芸者に分けて掲載している。二つの呼称には何らかの区別があったことになるが、違いは不明である。

　この頃の吉原細見にはもう一つ特徴がある。踊子（芸者）が所属している流派の名前が掲載されていることで、当時吉原で流行していた三味線音楽の流派がわかる。

　つまり、宝暦まで、吉原では遊女が踊子（芸者）を兼ねていた。遊女の中心業務は売春だが、大籬の遊女の嗜《たしな》みとして、宴会の席で三味線を弾いたり踊ったりしたのである。

『嬉遊笑覧《きゆうしょうらん》』巻之九に、「女芸者、歌舞はもとより遊女の所業なるを、後には其道心得ぬもの多くなりしより、おのづから是をせぬ事となれり」と出てくる。

　吉原の遊女は廓から外に出られない。では、遊女に三味線、唄・浄瑠璃、踊りを教えた女の師匠は、吉原の内に居住したのか、外から通ったのか。外から通ったことも考えられる。外から通ったとすれば、遊女ではない女芸能者が遊女に教えたことになる。廓内に居住している女性がほかの遊女に芸能を教えたのであれば、その人も宴席に出て、売春もしたのだろう。

五、遊女と音曲

享和三（1803）年の序がある『後《のち》はむかし物語』に吉原に芸者が誕生した事情が出てくる。

「よし原芸者といふもの、扇やかせん（歌扇）にはじまれり。歌扇たゞ一人なりし。宝暦一二（1762）年頃なり。其後おひおひ（追々）に、外の娼家（妓楼、揚屋）にも茶店にも出来て、細見のやりて（遣手婆《やりてばば》）の前の所に、芸者誰、外へも出し申候と書たり。夫《それ》よりはるか後に、大黒やの秀民、けんばん（検番）を立たり。芸者をどり子（踊子）と肩書して、見世（店）へ傾城（遊女）同様に並べて、客を取りたる娼家もありき。新町の桐びしやなどにありと覚き。尤《もっと》もかれらはうしろ帯（素人娘の格好）にて鄽《みせ》（店）に並び居たり。芸者といふものはなくて、傾城のうちにて、三味線をひきてうたひし事なり。多分新造（新人の遊女）なり。三味線の成る新造を揚よ抔《など》いひてひかせたる事なり。夜見世にても皆うたをうたひて、三味線をひきたてたり。是はむかしよりのならはしにあらず」と出てくる。

山崎美成の『三養雑記』にも、「吉原の女芸者といふものは、宝暦の頃、扇屋の歌扇といふものにはじまれり。その初は歌扇ひとりなりしが、後おひおひに、外の娼家にも茶屋にもいで来て、細見のやりての前のところに、『芸者誰、外へも出し申し候』などと書きたり。これよりはるか後に、大黒屋秀民といふもの、けんばん（検番）を立てたり。芸者をおどり子と肩書して、見世へも、遊女と同じく、ならび居て、客をとりたる娼家もありき。そのまへは、芸者といふものはさらになく、遊女の中にて、三味線をひき、唄もうたひしことにて、多くは新造なり。三味線のできる新造をあげよなどといひて、呼んで弾かせるなり。みせになみゐるときも、みな唄をうたひ、三味線をひきたるなり。これむかしよりのさまにて、中頃より、この習らはしはいつとなくやみたり。今もみせをはる時は、すがかき（歌なしで弾く）を弾くは、三味線番とて、新造の役なりといへり」と出てくる。

しかし、「最初の吉原芸者は扇屋の歌扇で、宝暦一二年頃現れた」という説は正しくない。前出の吉原細見『新板八声鶏隠里』に六名の「おとり子（踊子）」の名が載っている。歌扇の名が吉原細見に載る二〇年も前に踊子は誕生していた。

吉原細見に芸者という言葉が登場するのは明和五（1768）年以降である。すなわち、女芸者という語はこの頃から使われるようになった。

初期の吉原では、高位の遊女が宴会で三味線を弾き、歌い、踊っていた（前述）。のちに新造（新人遊女）が芸能を行うようになり、享保末期（1730年代）まで続いた。別の言い方をすると、踊子＝女芸者が現れた後も、初めのうちは遊女が女芸者を兼ねていたのである。

一方に芸にすぐれた遊女がおり、もう一方に芸を持たない遊女がいれば、人気は芸のできる遊女のほうが勝る。言い方を変えると、芸のできない遊女より芸のできる遊女のほうが商品価値は高い。そのため、吉原は「性」と「芸」を分離し、芸者と客の同衾を禁止したのである。芸を専門とする吉原の女芸者はこうして誕生した。

女芸者の売春が禁止された後も売春した女芸者は少しはいただろう。男芸者や娼家・茶屋の若い衆と恋愛した芸者もいただろう。遊女と芸者が揉《も》めると商売に差し障る。そのため、安永八（1779）年、大黒屋の庄六（正六とも。前出の秀民）が、女芸者が売春しないよう、また女芸者が男芸者や若い衆と性関係を持たないよう、見張って管理し、芸者から世話料を徴収する検番を作った。

検番は見番とも書く。検番は元々、女芸者を監視する組織だった。吉原で作られた検番制度

吉原の女芸者
歌麿『青楼仁和加女芸者・高瀬湊の栄』三枚続きの中　東京国立博物館蔵

が岡場所にも拡がり、吉原や岡場所で、芸者を監視したり、派遣申し込みの取次・送迎や揚代（玉代）の勘定などを行う事務所を検番というようになる。

『守貞謾稿』は安永四（１７７５）年の細見を引いて、「男芸者二十七人、女同四十六人、内芸者二十五人。今のごとくやり手に並べ記し、『げいしゃちよ、外へも出し申し候』、かくのごとく。千代は芸者の名なり。あるひは義太夫、ぶんごぶしと肩書あるもあり」と述べている。

「内芸者」は「遊女屋が抱えていた芸者」の意。吉原の女芸者には検番を通す検番芸者（「仲の町芸者」とも）と遊女屋が抱える内芸者の二種類があった。内芸者は小さな遊女屋が抱えていた芸者で、大籬にはいなかった。引手茶屋を通さず、直接娼家（遊女屋）に来る客の宴会に出たので、内芸者は一人ずつ宴席に出た。検番芸者は遊客との同衾を禁じられていたので、廓内に居住する必要はなく、多くは近所の裏店《うらだな》に住んだようだ。

安永九（1780）年の細見によれば、吉原の男芸者は一九人、女芸者は八八人（うち娼家抱え四〇人、それ以外四八人）だった。

吉原では、男の芸者と女の芸者を区別して、男芸者、女芸者と言っていたが、のちに男芸者は太鼓持・幇間と言われるようになる。また天明年間（1781～89年）くらいから、女芸者の「女」が取れて、単に「芸者」と言われるようになる。

六、幕末の新吉原の芸者

吉原の大籬で、位の高い遊女と遊ぶ時には、遊女を引手茶屋に呼び出し、芸者などを交えて宴会をした後、客の主目的である性交渉に及ぶ。その宴会のリード役が検番芸者である。

検番に男女の芸者の名札が掛かっていたが、その札を裏返し、「どこの茶屋で、何枚・何本買い上げ」と記帳した。何枚は名札（芸者）の数、何本は線香の数。深川では、線香に火を点じて、遊女・芸者の接客時間を計った。つまり、何本は芸者の拘束時間である。

検番芸者は必ず二人一組で宴席に出た。互いに監視し合って、売色を防いだのである。ただ、掟《おきて》に反した者も絶無ではなかったようだ。『新吉原町定書』に芸者が売色した時に茶屋や芸者へ下す処分が定められている。規定があるのは、規定に触れる者もいたのである。

幕末の吉原芸者の揚代（玉代）は、二人一組で、一本一分だった。延長することを「直す」と言い、揚代（玉代）が倍になり、検番に銀四匁《もんめ》を納めた。幕末の金貨と銀貨の交換レートは金一分＝銀一五匁で、茶屋の取り分が三匁だったから、一本の芸者一人あたりの取り分は四匁だったことになる。

『守貞謾稿』に「吉原、女芸者に二種あり（略）見番より出る見番芸者を仲の町芸者とも云ふなり。多くは裏店などに居住し、または仲の町茶屋にも一両人かゝへあるもあり。この芸者は二人づゝを一組とす。『彼と是《これ》』『是と彼』と必ず一人を売らず、誰の合子に某、某の相子に誰と云ひて、あひしと云ふなり。この仲の町芸者、一組二人にて、一席金一分なり。長席には一倍あるひは二倍す。これを『なをす』と云ふなり。けだし初めより終日、あるひは終夜を雇へば金三分なり。また昼夜を雇へば一両一分なり。祝儀は別にて、与へるも与へざるも客の意に任す。大略一組に金一分なり。また内芸者は二人組まず、一人づゝ売るなり。もつとも当屋のみにて、他家に出ざるなり。妓院に一人あるひは二・三人あるなり。数人は養はず、また内芸者を抱へざる妓館も多し。殊に大見世にはなきことなり。これは必ず茶屋より芸者を携へる故なり。吉原見番、当時、大黒屋庄六と云ひ、女芸者二名一組と号して、一切り金一分なり。この一分の内銀四匁、見番の収とす」と出てくる。

吉原芸者の衣裳などは地味だったらしい。吉原の売り物は遊女なので、遊女より目立つ物を着てはいけなかった。着物は模様のない縮緬の無地で紋のみ付いており、裏地は花色と決められていた。化粧は、遊女は濃いめ、芸者は薄め。鉄漿《おはぐろ》はせず、白い歯のままだった。『守貞謾稿』巻三十「今世娼妓の扮」の項の追書に、「江戸新吉原町、女芸者は縮緬等無地の定紋付にて模様あるを用ひず。裏は花色絹を用ふを定例とす」「江戸は吉原の遊女・芸者ともに中粧なり。女郎はわづかに濃く、芸者は少しく淡か」「江戸芸者は吉原および駅舎・岡場所・江戸市中にある町芸者も皆白歯なり」とある。

吉原では、昼見世、夜見世が始まる合図に、清掻《すがが き》と言われる、三味線曲が演奏された。清掻は琴の曲を三味線に移したもので、内芸者または新造が弾いた。

『守貞謾稿』の「菅垣《すががき》」の項に、「吉原町見世女郎ども黄昏《たそがれ》に至り、夜見世を張る時、内芸者ある家にては内芸者の役とし、これなき家にては新造の役として三絃を見世の敷居際にて繁絃するを、今世の『すがゞき』と云ふ。故に夜見世をしらす菅垣などと云ひて、これを弾くを合図に見世女郎ども上妓より次第に出てきたり、見世に列坐《れつざ》するなり。正面を上妓とし、左右を下妓・新造の坐とす。この時、内証と云ひて、主人の棲《す》む席の隔てに簾《すだれ》を下し鈴を鳴らすなり。

簾を下して障子を開くなり」とある。

吉原では毎年八月（もちろん、旧暦）中旬から九月中旬にかけての晴天の日、俄《にわか》（茶番）を上演した。客寄せに素人芝居を上演して、廓の中を練り歩いたのだが、芸者は俄でも活躍した。初めは、新造のうち、歌ったり踊ったりするのが上手な者を選んで練り歩かせていたが、のちに男女の芸者の担当になったのである。

『塵塚談《ちりづかだん》』（前出）に、「俄狂言の始めは、仲の町茶屋に桐屋伊兵衛と云ふ者あり、歌舞妓役者のまねを好み、安永・天明の比にや、角町妓館中、万字屋と云ふ者と同気相求め、二・三人寄り合い、ある時ふとおもひつきて、俄に狂言を拵へ、仲の町を往復しけるに、遊客ら『これは風流なり、面白し』と評判するにより、かの人も乗り心来たり、それより引きつゞき狂言の趣向を取りかへ引きかへ仲の町を往還し楽しみけり。これ俄狂言の始めにて、段々増長し、毎秋の定例になりしなり」とある。

また、『守貞謾稿』の「仲の町、俄狂言」の項にも、「男女芸者、種々に扮し、男は芝居狂言に洒落を加へ、女は踊り所作の類を専らとし、各囃子方を備へこれを行ふ。男女各舞台を別にし、車ある小舞台数ケを造り、仲の町両側を引き巡り、茶屋一戸ごとに一狂言して、次に行くと次の台を引き来たり、またこれを行ふ。女舞台、男舞台、相交へ引くなり」とある。

遊廓の宴会　北斎『遊女の座敷』東京国立博物館蔵
https://webarchives.tnm.jp/imgsearch/show/C0083379

今戸榮一編『目で見る日本風俗誌7　遊女の世界』は吉原細見から拾って、寛政以降の吉原の女芸者数を調べたが、以下はその数である。

寛政五（1793）年	一三一人
文化四（1807）年	一四四人
文化一四（1817）年	一三三人
文政二（1819）年	一七三人
文政一〇（1827）年	一五二人
天保六（1835）年	一〇三人
天保一二（1841）年	九九人
天保一三（1842）年	一六七人
嘉永三（1850）年	一三七人
安政七（1860）年	一六〇人
文久三（1863）年	一四九人

慶応元（1865）年　　一五三人
慶応四（1868）年　　一五五人

また、弘化四（1847）年の吉原細見には、「男芸者三四人、女芸者一五七人（略）、内芸者はこの別なり」とある。

第Ⅴ章　芸者の盛衰

一、化政期の歌舞伎舞踊とその音楽

1、歌舞伎の第三次大成

寛政の次の年号である享和はわずか三年で終わり、年号は文化と変わる。文化（1804〜18年）と次の年号の文政（1818〜30年）を合わせた時期を化政期という。

天明期の天変地異に伴う大飢饉で、多数の農民が郷里を後にして都会に出たため、化政期の江戸は零細な商人・職人や無宿人など貧乏人で溢れ返った。

寛政の改革の前と後、天明期と化政期（文化・文政期）では世相・文化が大きく変化した。寛政期は諸物価が高騰、役者の給金、衣裳・道具代など、劇場の仕込み費（公演費用）が上った。そのため、大芝居《おおしばい》（幕府公認の歌舞伎）は、仕込み費の高騰→木戸銭（入場料）の値上げ→観客の減少という悪循環に陥った。

また、化政期は、貧乏人が増えたことで、料金の安い小芝居《こしばい》（寺社の境内などの仮設小屋における歌舞伎）や寄席が盛んになった。文政一三（1830）年の序がある『嬉遊笑覧《きゆうしょうらん》』に「江戸の社地芝居（小芝居）は二十余カ所にある」と出てくる。

観客の嗜好《しこう》も大きく変化した。化政期の歌舞伎は、天明期に好まれた寛闊《かんかつ》・能天気な時代物が飽きられ、庶民を主人公とする世話物（中でも下層庶民の悪人を主人公とする生世話物《きぜわもの》）が好まれた。演技で言えば、写実の傾向が強まった。

歌舞伎の所作事（舞踊・音楽）では、変化《へんげ》舞踊・長唄が大流行し、豊後節系の浄瑠璃・清元節が創始された。初代富本斎宮太夫《とみもといつきだゆう》の弟子・斎宮吉《いつきち》が二代斎宮太夫を襲名、富本節を離れて文化一一（1814）年に清元延寿太夫《きよもとえんじゅだゆう》と改名、清元節を創始したのである。変化舞踊は一人の役者がいくつかの役を踊り分ける舞踊を言い、嚆矢《こうし》は元禄期（17世紀末）の女方・水木辰之助《みずきたつのすけ》が踊った変化物である（前述）。歌舞伎の基本的音楽である長唄の大流行に伴い、化政期には長唄を地（伴奏音楽）とする変化舞踊の名曲が多数作曲された。長唄・江戸浄瑠璃（常磐津節・清元節）・上方浄瑠璃（義太夫節）の掛け合い曲も数多く生まれた。

つまり、化政期の歌舞伎は、寛政期とは異なる、新しい展開をみせたのである。歌舞伎の舞踊・音楽はさらに大衆化した。歌舞伎舞踊を踊れて三味線音楽の演奏ができれば、武家屋敷へ就職するのに有利である。また芸者になって稼ぐこともできる。

式亭三馬《しきていさんば》の滑稽本（小説の一種）『浮世風呂』は、歌舞伎の台本を真似て、対話形式で書かれている。文化一〇（1813）年刊の、その三編巻之上に一〇歳ほどの少女・お角の「朝むっくり起きると手習《てならへ》のお師《し》さんの所（上方の寺子屋）へ行てお座《いつ》（机）を出して来て、夫《それ》から三味線のお師さんの所へ朝稽古にまゐつてね。内へ帰つて朝飯《あさまんま》をたべて、踊《おどり》の稽古からお手習へ廻つて、お八ツ（午後二時くらい）に下ツて（終わって）から、湯へ行て参ると、直《すぐ》にお琴の御《お》師匠《しやう》さんへ行て、夫から帰つて、三味線や踊りのおさら（浚）ひさ。其内に、ちイツとばかりあす（遊）んでね、日が暮ると又琴のおさらひさ」というセリフが出てくる。

現代の金持ちの子は大概、放課後に塾へ通っている。「お受験」のため、学校と塾を掛け持ちしているので、遊ぶ時間もない。化政期の庶民の少女も寺子屋と習い事の掛け持ちで大変だった。『浮世風呂』はフィクションだが、同じ文化年間の『世事《せじ》見聞録』など、若年の女性が三味線音楽を習ったことを裏付ける資料は多数ある。

文化一一（1814）年に成立した、当時七八歳の老武士、小川顕道《けんどう》の『塵塚談《ちりづかだん》』（前出）に、「歌舞妓河原者の、曲芸を以て事業とし、糊口する者を、男女ともに芸者と通称す。江戸中に二万人の余之有由。女を羽織（深川芸者）と云、親兄弟を養ふも多し。二万人余の中、上手、高名なる者は、一ヶ年に束脩《そくしゅう》（謝礼として受け取る金品）二百両程宛も取由也。されど、倉廩《そうりん》（米蔵）を持し者は一人もなし。浅草辺にて、きねや庄次郎と云者一人の由。是は親庄次郎建し倉也と云。上もなき賤き業にして、弟子も皆、無頼放蕩者而已《じのみ》（ばかりの）寄合なれば、倉の無きも理《ことわ》り也」とある。

『塵塚談』は「江戸に芸者は二万人余いる」と書いているが、ここでいう芸者は、狭い意味の芸者ではなく、大芝居・小芝居の歌舞伎役者、歌舞伎音楽の演奏者、町の踊りや音曲の師匠、狭義の芸者など、歌舞伎およびその周辺のすべての芸能者を指している。つまり、狭い意味の芸者も、町の踊り・音曲の師匠も大概は、歌舞伎舞踊・音楽を踊り・演奏して（教えて）糊口を凌いでいた。

「上手、高名なる者」は二〇〇両の収入があったと書いているが、歌舞伎役者の中には千両役者もいたので、これは町の踊り・音曲の師匠と限定してよい。

『塵塚談』は「上手、高名なる者」の代表として、「きねや庄次郎」をあげているが、これは初代杵屋正次郎《きねやしょうじろう》（?～1803年）を指す。杵屋正次郎は元々、浅草・奥山の独楽《こま》回し・松井源水の三味線弾きだった。二代正次郎は文化二（1805）年に襲名しているので、「親庄次郎」は初代正次郎のこと。その親正次郎は倉を建てたが、芸能者は無頼放蕩の者の寄合なので、倉は建てられない、と言っている。

少し下って、天保一五（1844）年の序文のある狂言作者・三升屋二三治《みますやにそうじ》の『紙屑籠《かみくずかご》』に

芳町芸者
国周『潤色三十六花撰』よし町河内屋
国立国会図書館ウェブサイトより

は、「近代踊子多く、諸家方様にて、女踊り子の狂言流行故、踊師匠は役者の門弟になつて、中村、市川、岩井、沢村の名を附て稽古所を出す。昔は役者苗字《みようじ》なし。中村秀鶴よく踊をして、志賀山の流儀踊指南して、中村小十郎といふ。中村は元座もと勘三郎より出たる苗字、元祖なるべし」とある。

「中村（など）の名を附、稽古所を出す」とあるのは流派の看板だけでは入門者が集まらないため、踊りの師匠は、有名な歌舞伎役者の姓を名乗らせてもらい、その役者に入門した形にして弟子を集めた、という意味である。

「昔は役者苗字なし」とある。百姓（農民）・町人（職人・商人）は苗字を名乗れなかった。百姓・町人で姓を名乗れたのは、藩主に金品を寄付するなどして、特別に苗字を許された者だけである。江戸時代の歌舞伎役者は、士農工商の下の身分に置かれていたので、農民・町人と同様に苗字は名乗れなかった。中村・市川など、歌舞伎役者の姓は、勝手に名乗っていただけで、奉行所などの書類にはすべて下の名前だけ書かれている。

「秀鶴」は、明和〜天明期（18世紀後半）の大スター、初代中村仲蔵《なかぞう》の俳号（俳句の名前）である。仲蔵は役者と志賀山流八代家元を兼ねたが、中村小十郎とあるのは誤りで、初名を中村市十郎と言い、天明五（1785）年に中山小十郎と改名した。

2、化政期の音曲の師匠

化政期（19世紀初め）には、歌舞伎の音楽はほかの音楽を圧倒し、その音楽を習う者は一層拡がった。歌舞伎の音楽・舞踊を教える町師匠は市中に多数いたのである。

文政七（1824）年五月、次のような町触が出された（原文は漢文体交りなので、現代語に直した）。「長唄・浄瑠璃・三味線の師匠が、名披露目などの名目で、料理茶屋などを借りて、相弟子や知り合いの者を集めて演奏会を催している。そのことは、これまでも行われていたが、近頃は増長して、花会と名付け、知人だけでなく、縁のなかった人にも刷り物を配り、世話人が祝儀を強いている。また、有名な人の名を借り、その人に少々の金を分配し、実は別の人が催しているものもある。誠に不届きである。寛政八（1796）年にも申し渡した通り、その

音曲の女師匠
『風俗三十二相　嘉永年間師匠之風俗』
国立国会図書館ウェブサイトより

ような催しを禁止する」
安永期（18世紀後半）以降、長唄・江戸浄瑠璃・義太夫節など三味線音楽の稽古所が江戸に多数できた。三味線音楽の稽古所の師匠は弟子たちに芸名を与えたが、弟子の中の金持ち（またはその娘）は名披露目の会や四季または月ごとに浚《さら》いの会を催したのである。

つまり、長唄・江戸浄瑠璃・義太夫節など歌舞伎音楽＝三味線音楽を習っている人たちが名披露目の会などを行っていたが、その類の演奏会を行ってはいけない、と言っている。

『世事見聞録』（前出）に、「貧賤の者ども、かの裏店といふに住み居たるものも、娘を持てば妾奉公か囲ひ者か、または遊芸者・踊り子などに致すことを欲して、芝居狂言なる所の遊芸を励ますなり。依《よ》つて芝居役者を本尊の如く信仰し、親も娘の立身する芸師匠なり。また娘が立身せば己《おのれ》が渡世の楽しみなり。その力たよりと頼むものなれば、芝居狂言は世に最上のものと心得、実に役者はありがたきものと心得るなり。また裕福の町人の娘どもは、寵愛の余りに踊り狂言を習はせ、錦・金襴《きんらん》そのほか芝居役者同様の衣裳を飾り、宿にて芝居をなし、折々役者を招きて奔走し、または下形《したかた》といへる囃子方《はやしかた》の芸子どもを抱え置き、あるいは花見遊山または別荘などへ連れ行きて踊り狂言を催し、世間に見せぶらすなり」とある。

現代語で要旨を記すと、「裏店に住んでいる庶民が娘を持てば、武家の妾・金持ちの囲い者や芸者などにしようと、歌舞伎の舞踊や音楽を習わせている。これらの芸は歌舞伎から出たものなので、歌舞伎役者をご本尊のように信仰し芸の師匠としている。娘が出世すれば自分のためになるのだ。また裕福な町人は娘を寵愛して、踊りを習わせ、歌舞伎役者と同じような豪華な衣裳を着せて、時々役者を招いて物見遊山に出かけたり、別荘などで役者に踊りを踊らせるなどして世間に見せびらかしている」となるだろう。

なお、「下形」は下座《げざ》（すなわち歌舞伎音楽の演奏者）のこと。

こうして、古くから存在する種々の音楽の中で、三味線を主楽器とする歌舞伎の音楽が大きな位置を占めるようになる。三味線音楽のうち、現代まで残っている音楽は大概、歌舞伎の音楽である。

二、化政～天保前期の江戸芸者

1、化政期の江戸の町芸者

寛政の改革によって、江戸の岡場所（非公然の色町）の火は一旦消えた。文化年間（1804～18年）に入ると、市中の色町は息を吹き返し、寛政の改革以前に増して隆盛となる。

『世事見聞録』に「町々、遊芸者（芸者）と唱ふるもの、宝暦（1751～64年）の頃より始まり、安永（1772～81年）の頃に至り江戸中改《あらた》めある所、やうやく百六人ならではなかりしと聞く。今（文化期＝19世紀初め）は三千八百余人ありといふ。この遊芸者といへるもの、また売女と同然の業をするものなり。三都は右の趣きにて、そのほか奈良・堺・伏見・下の関・長崎などを始め、国々宿々・津々浦々の売女の数、幾万人なるべきか。すべて今日本国中にある所およそ十万人を越すべし」とある。

『世事見聞録』には、「武士を始め、世間一般に放蕩なるものは遊芸を好み、遊芸を好むものは極めて放蕩なり。依つて売女盛んになり、遊芸もつぱらとなりて、町々在々までも売女に続いて男芸者・女芸者莫大に出来、またその日過ぎの者までも娘を持てば身上限り遊芸を仕付くる事になり」という記述も出てくる。

この書の著者は武士とみられるが、「遊芸を好む者は放蕩を好む。三味線音楽・踊りを好む者が多くなり、放蕩に身を持ち崩す者が多くなった。困ったものだ」と世を嘆いている。

時代は少し下る。天保一二（1841）年五月から始まった天保の改革の後に成立したとみられる『寛天見聞記《かんてんけんもんき》』に、「三味線芸者と云ありて、深川仲町《なかちょう》、芝高輪は云に及ばず、二丁町、両国薬研堀《やげんぼり》、柳ばし、本町《ほんちょう》、石町《こくちょう》の新道、浅草仲町、下谷広小路、湯島天神の辺、芝神明前、其外処々に居住して、あやしき風俗に装たる女、招きに応じて、酒席に出て酌を取り、流行歌とて好色なる事を三味線に合せてうたひ、若き人々をたぶらかす。又、水茶屋の女、料理茶屋の娘分抔《など》、其外にも裏借屋などの幽室に籠り、地獄といふ女も有よし」と出てくる。

深川仲町は今の門前仲町。芝高輪は現代の港区に入る芝浦と高輪。二丁町については前述した。両国薬研堀・柳橋については後の「柳橋芸者」の項（192頁）で詳述する。本町・石町は現代の日本橋本石町など。浅草仲町は現代の台東区上野二丁目。湯島天神は現代の文京区湯島三丁目。芝神明は港区芝大門一丁目。

宝暦一三（1763）年刊、風来山人（平賀源内）の滑稽本（小説の一種）『風流志道軒伝《ふうりゅうしどうけんでん》』に

出てくる宝暦〜天明期（18世紀半ば〜同末）の江戸市中の色町は大概、江戸城の周りの地名だが、天保年間に成立した『寛天見聞記』に出てくる町名は（深川など、重なる町もあるものの）中心部から離れたところも出てくる。つまり、化政期になると、芸者（酌取女）の居住地は江戸の中心部から離れた周辺の町にも拡がったのである。

ほかの商売の看板を掲げながら、市中の町家で、素人の女性に売春させる者もいた。そのようなところを「地獄」と言ったが、文政八（１８２５）年七月初演の歌舞伎、鶴屋南北作『東海道四谷《よつや》怪談』が地獄の様子を克明かつコミカルに描いている。また、水茶屋・料理茶屋も若い女性を抱え、「娘」と称して売春させた。

寛政の改革の反動で、文化期（１８０４〜１８年）の取締りは比較的緩やかだったが、文政期（１８１８〜３０年）に入ると幕府の芸者に対する取締りは再び厳しくなる。

文政四（１８２１）年一〇月、奉行所は「町々にて、娘または女を抱えおき、料理茶屋などに遣わして、遊女のような行為をしている者がいる。そのことについては天明年中にも通達したが、今後は容赦なく検挙する」（現代語訳）という町触を出した（『御触書《おふれがき》天保集成』による）。

文政七（１８２４）年五月、奉行所は五三名の芸者を検挙する。肥前国（長崎県）平戸藩主・松浦《まつら》清（静山）の『甲子夜話《かっしやわ》』にこの時検挙された娘の名前と居住地が載っている。

最年少は（数えの）一五歳、最年長は二六歳で、娘たちの居住地は『寛天見聞記』に出てくる地名と重なる。この時期、江戸中心部から、南は芝、北は浅草に至るまでの下町地域（現代の中央区・港区・台東区）に芸者たちは居住したのである。ただ、なぜかこの時は深川の芸者が逮捕されていない。

加藤曳尾庵《えいびあん》の随筆『我衣《わがころも》』（前出）の巻一六にも、文政七年五月に捕えられた女性たちの名が載っている。それによると、「身持不宜女芸者共隠売女ヶ間敷者」が一四名、「三人以上芸者幷《ならびに》茶汲女抱置候もの」が四五名、「大造の衣類幷櫛笄相用候芸者」が四九名である（そのほか、「芸者幷茶汲女三人以上抱置候者」が男女一七名、「隠売女宿いたし候もの」が男女三四名逮捕されている）。『我衣』によると、芸者の抱え主の居住地は南の芝から北の浅草まで及んでいる。江戸時代後期になると、隅田川以西のほとんどの町に芸者がいたのである。

前月の逮捕と関連して、同じ文政七年の六月、幕府は次の町触を出した。その町触を読むと文化から文政にかけての芸者の様子がよくわかる。

町々にて、娘又は女を抱へ置き、料理茶屋其の外茶店等に客之《こ》れある節は差出し、売女の稼ぎ為致候由相聞、不届の至候。以来右体売女に紛《まぎらわしき》敷渡世為致間候。若《もし》右様の者有之に於ては、召捕の上、当人は不及申《いうにおよばず》、町役人共迄も咎《とが》申付、地面（地所）取上げ候間、地主町役人共無油断吟味を遂げ、急度申付へく旨、天明七年相触れ、去る巳年猶《なお》又相触れ候処、今以て女芸者と唱へ娘又は女抱へ置き、髪飾衣類等美々敷致し、殊に料理茶屋其の外に招候先々に於て、客と密通に及び、且《かつ》土弓場《どきゆうば》水茶屋渡世の者、娘幷女抱へ置き、右の外にも娘等身売同様の始末致候者有之趣相聞候に付、召捕吟味に及び候処、全く相対にて密通致し、衣類金銭等貰ひ受け、尤《もつとも》親抱へ主招き候料理茶屋にても、右の始末は存せず由、売女致候儀には無之候得共、猥《みだり》に密通に及び、衣類金銭等貰ひ受け候段は、売女にも紛敷致方不埒《ふらち》の事に候然れ共、此度《こたび》は格別の御宥免《ごゆうめん》を以て差許候間、以来心得違ひの者無之様、屹度《きつと》申付候もの也。

寛政の改革が始まった天明七（１７８７）年以来、たびたび、芸者およびその抱え主に対して、「遊女紛いのことはするな」と警告し、厳しく取締ってきたものの、文化年間に入ると、遊女紛いの行為はますます盛んになった、土弓場や水茶屋を営む者たちも「娘」と称して女を抱え、遊女紛いの行為を行わせている、と言っている。

町触はこのほか、「女を召抱、芸者に致候儀、一切不間成候（これまでのことは不問に付すので）、若是迄の通り、心得違ひの者有之候はゞ早々暇《いとま》遣し可申候（暇を出すように）」とも言っている。しかし、娘を解き放つ抱え主は一人もいなかったと思われる。というのは、抱え主は芸者の親・兄弟に金を貸したカタとして、娘たちを拘束している。娘たちを解き放すことは借金の棒引きを意味する。

「料理茶屋・土弓場の者、働き一ト通りの下女、是以て髪飾衣類等身分不相応に美敷目立候儀、決して致間敷候」ともあるが、それは「料理茶屋・土弓場などに勤める女は綺麗《きれい》な髪飾りや衣裳を着てはいけない」ということだが、娘たちは、贅沢したくて行っているのではなく、客を惹きつけるため着飾っている。

また、「町役人偽の御触の趣《おもむき》、能々相心得、娘妹無拠一ト通りの稼為致候者も其の家にて一人を限り可申候間、人別の外念入れ心付け紛敷者無之様可致候」というくだりもあり、町役人に向けた条文の趣旨に沿って、「親兄弟を救うため、芸者になった者は、一軒に一人だけ芸者をしてもよい」と言っている。

この文政七年の町触で、「一軒に一人」という条件付きながら、初めて現実を認めた。方針の大転換である。しかし、「一軒に一人」と厳命しても、実際には意味を持たない。前述したように、元禄（17世紀末）以降、素人から芸者になる女性も増えてきた。一方、遊女と同じよ

江戸芸者2　　国貞（三代豊国）『江戸姿八契』国立国会図書館ウェブサイトより

うに、借金のカタとして売られて芸者になった女性もいた。当時、若い女性の職業はほとんどなかった。根本原因を解消しない限り、売色も減少しないし、芸者の数も減らない。

文政一〇（1827）年五月にも、「贅沢な髪飾り・衣裳を使っている」という理由で、二三名の芸者が検挙された。これも松浦静山の『続甲子夜話』に載っている。

つまり、化政（文化・文政）期は、元禄期（17世紀末）の第一期、安永・天明期（18世紀後半）の第二期に続く、第三の踊子＝芸者の興隆期だった。化政期の歌舞伎の世話物（庶民を主人公とする、江戸時代の現代劇）には芸者の役が多数登場する。

2、化政期の深川芸者

文化期（1804〜18年）に入ると、深川は再び賑わいを取り戻し、茶屋の数は二百数十軒に達した。深川は大河の河口の東に造成された運河の町だから、船着き場を造ることは容易である。そのため、深川には多数の船宿があったが、その船宿が料理茶屋（上方でいう色茶屋）に変化していったのである。

前述したように、深川の料理茶屋の上得意は留守居役と札差だった。また、深川の遊女・芸者は吉原より安価だったので、顧客に店者《たなもの》すなわち商家の奉公人（番頭・手代）が多かった。もちろん、職人もいた。番頭・手代や職人でも深川の遊女・芸者が買えたのである。

下町は城下町の略とされる。江戸の下町は、江戸城の東〜隅田川の西、南は芝、北は浅草までの庶民の居住地を言った。現代で言えば、港区・中央区・千代田区・台東区で、江戸時代の商人および商家の奉公人・職人は江戸城周辺に居住していたのである。

下町から、対岸の深川へ行くには猪牙舟に乗らなくてはならない。遊客は大概、足の速い小型舟である猪牙舟に乗って深川へ渡り、遊女・芸者と遊んだ。寛政三（１７９１）年刊、山東《さんとう》京伝《きょうでん》の洒落本『仕懸《しかけ》文庫』に「陸を行ものは稀に、舟を行く者多し」とある。

猪牙舟に乗って深川に渡った遊客の送迎も、舟を所有し、船頭を抱えていた船宿が行った。もちろん、無料サービスではない。猪牙舟の船賃は片道一二〇文、二人で二〇〇文だった。また二人船頭の屋形船は二五〇文だった。

遊客は料理茶屋・船宿で子ども（遊女）や芸者と会った。また少し大きい屋形船で、遊女・芸者と密会した。船宿は、交通機関の舟を所有、遊客の送り迎えを業務とする業者で、のちになると、客が遊女・芸者と遊ぶ船宿・料理茶屋を経営した。つまり、遊び場所と交通手段の両方を経営したのである。『寛天見聞記』に「仲町を初め、其外の娼婦、客の迎いとて、屋根船にのり、舟宿まで行事あり、又、おくりとて、客とともに舟に乗行あり」と出てくる。

化政期から半世紀ほど前の、安永三（1774）年刊の洒落本『婦美車《ふみぐるま》紫鹿子《むらさきがのこ》』に二二カ所の遊里の地名が出てくる。そのうち仲町・土橋・表櫓・裏櫓・裾継《すそつぎ》・佃《つくだ》・新大橋・新地・石置場・八幡御旅所・三十三間堂・入船町《いりふねちょう》・直助《なおすけ》長屋・網打場は深川の地名である。何次にもわたって造成された深川は、大変広い地域を言い、多数の町があった。

深川でも特に有名だった、仲町（仲裏＝仲町裏を含む）・土橋・築出《つきだし》新地（大新地・小新地）・石場（古《ふる》石場・新石場）・櫓下（表櫓・裏櫓）・裾継・佃町の七町を深川七場所と言った。

深川七場所という語は文政年間（1818〜30年）くらいから使われるようになったが、中核を占めたのは、仲町（現代の門前仲町）と土橋（富岡二丁目）で、仲町に一七軒、土橋に一二軒の茶屋があったという。天保一二（1841）年五月に始まった天保の改革の少し前、天保八（1837）年の記録によれば、深川七場所だけで、芸者二六一人、遊女四七二人、計七三三人の芸娼妓がいたという。

深川では遊女のことを「子ども」、子どもを抱える遊女屋を子ども屋と言った。深川の遊女は娘風を売り物にしたが、子どもと言ったのはそこから来ているのだろう。

深川には二種類の遊女がいた。

一つは、子ども屋（遊女屋）に抱えられた遊女で、呼出《よびだし》と言った。呼出と遊ぶ時には、料理茶屋が検番に申し込み、遊女は順番に料理茶屋へ出向いた。つまり、客と遊女は一対一の関係なので、一人の遊女が複数の客の相手をする「廻し」はなかった。遊女は子ども屋の娘分という名目だったので、吉原でいう遣り手が付いて行くこともあった。

『守貞謾稿』に、「右の仲町、大新地、櫓下、新石場、本所弁天等、茶屋ありて、漂客はこの茶屋に往きて女郎・芸者を迎へ、酒宴・双枕ともに茶屋においてす。俗にこれを呼び出しと云ふなり」「岡場所の呼び出しは自家に客を迎へず、青楼において双枕す。故に一人の女郎に一客なり」「深川見番のこと、ある書に、妓・芸者の名を札に書きて提ぐるなり。茶屋より呼びに来る時はその札をひくなり。故に札を見て来ると云ふこと方言なり。芸者・太夫とも二朱の揚代なれば、見番三匁、茶屋三匁、芸者一匁五分と頒《わ》けることとなり」とある。

もう一つは、女郎屋に抱えられ、女郎屋で直接客を取る遊女で、「伏玉《ふせだま》」と称した。伏玉は廻しを取ることもあり、口留金（後述）はなかった。

『守貞謾稿』には、「また裾つぎ、新地の大椿《おおつばき》、古石場、本所常磐［盤］町、松井町、御旅等、別に青楼これなし。游客妓院に入りて酒宴・双枕ともに妓院にておいてす」「伏玉は自家に客を迎ふ故に、女郎一人に二・三客あるひは四・五客を異席に臥し、一妓しばしばこれに輪淫す。江戸の俗、これを方言してまわしと云ふなり。女郎はこれを廻しをとると云ひ、床を廻し床と云ふなり。吉原、これに同じ。伏玉と云ふことは江戸方言、女郎・芸者等を指して玉と云ふ」とある。ここでいう妓院は女郎屋、青楼は料理茶屋のこと。

深川のうち、仲町などには女の芸者も男の芸者もいて、料理茶屋もあったが、女郎屋だけあり、料理茶屋もなく、芸者もいない町もあった。天保一五（1844）年の序がある『種くばり』に「売女を子供と呼び、男芸者を太夫と呼ハ諸所同じけれ共、女芸者を羽織と呼て望る、トキハ売女と同く客も取るハ、是又仲町ニ限る也」と出てくる。

深川では、遊女と同じく、料理茶屋を通じて検番に申し込んで芸者を呼んだ。天保一三（1842）年頃に成立した『岡場《おかば》遊廓考』によれば、芸者の玉代《ぎょくだい》（揚代）は二朱で、芸者の取り分は一匁五分、検番三匁、茶屋三匁だった。

深川には色も売る芸者もいた。遊女としての契約と芸者としての契約、二つの契約を結んだ者を二枚証文と言ったが、深川には二枚証文の芸者がいたのである。二枚証文の芸者は親兄弟の借金のカタに売られてきたので、借金を返すため売色せざるを得なかった。

ただ、深川にも借金のない自前の芸者もいて、自前の芸者は色を売らなかった。二枚証文の芸者にも感情・プライドがあったから、簡単には転ばなかった。初めての客とは転ばなかったものの、馴染になるとすぐ転んだ、という説もあるが、そう単純ではない。つまり、客の人柄とタイミングと金の三つが微妙に絡まっていたのである。

首尾良く、芸者と寝られることになった客は口留金三両を茶屋に渡した（芸者には茶屋が渡した）。口留金は特別料金である。遊女・芸者を買って遊ぶことを「あげる」と言い、その料金を玉代と言った。

深川の遊女・芸者は時間契約が原則で、区切りの時間を一切《ひときり》と言っていた。深川の一切は二《ふた》時《とき》（約四時間）である。短時間の遊びを「ちょんの間」と言ったが、短時間だけ拘束する制度を採用したことが深川繁盛の要因だったようだ。

ただし、同じ深川でも時期や町によって遊女・芸者をあげるシステムは少し違っていた。『婦美車紫鹿子』（前出）によれば、明和・安永の頃（1764〜81年）はどの町も同じシステムだったが、天明（1781年〜）以降、町によって差異が出てきたようだ。

一切の時間は線香で計った。線香に火をつけて、線香がすべて灰になるまでを一切と言ったのである。時間を延長することも可能で、それを「直し」と言ったが、直すには延長料金がいった。『守貞謾稿』に「一席金一分なり。長坐にはこれを一倍あるひは二倍す。この一倍することを吉原・岡場所・町芸者ともに『なをす』と云ふなり。またこの定例のほかに祝儀と云ひて金一分を与へる者あり、あるひは与へざるもあり。これは客の意に任す。吉原も同前なり。しかれども、これを与へざる者極めて稀とす」とある。

玉代のほかに花（祝儀）を渡す客も多かった。祝儀なので、強制ではなかったが、余程のケチでない限り、大概の客は渡したようだ。

品川など四宿は宿場なので「泊り」があった。市中の岡場所に泊りはなく、深川の営業時間は夜四つ（午後一〇時くらい）が限度になっていた。しかし、いつの頃からかはわからないが、深川も泊りを取るようになった。

深川の泊りは夜四つから翌朝の明け六つ（六時くらい）までを一切とし、これを「四つ明け」と称したが、天明頃（18世紀後半）から、仲町と築出新地に限って、一昼夜を五つに切って、泊りを入れると六つ切となる時間割に変更した。

また、仲町と新地は真夜中の八つ（丑《うし》の刻、現代の二時くらい）に迎えをかけることもあり、これを「八つ迎い」と称した。前述したように、深川の客は、隅田川の西、下町の商人（と商家の従業員）が多かった。「四つ（六時くらい）明け」では開店の時間に間に合わない恐れがあったので、真夜中に帰ったのである。ほかの町では、夜九つ（〇時）から翌朝の明け六つまでを一切とし、これを「九つ明け」と称した。

化政期（1804～30年）の深川について記した史料に、『岡場遊廓考』（前出）、『寛天見聞記』（前出）、『種くばり』、石井良助編『江戸町方の制度』（前出）などがある。上記の史料に基づいて、以下、深川の各町の玉代などについて述べる。

江戸時代の貨幣は金貨・銀貨・銅貨（銭）の三種類があり、〇分〇朱とあるのが金貨で、〇匁とあるのが銀貨である。

また、江戸時代は、時間の数え方に不定時法を採用していたので、ややこしかった。昼夜をそれぞれ六等分（合わせて一二等分）した時間を一時《いっとき》（一刻）と言った。日の出と日没の間をそれぞれ六等分していたのだが、正確に言えば、夏と冬の一時の時間は同じではなかったのである。つまり、夏の一時と冬の一時、昼の一時と夜の一時は同じではなかった（そのため本書では「約二時間」または「現代の何時くらい」と「約」「くらい」を付けた）。

仲町の「呼出」の玉代は、昼夜を五つに分け、一切（二時、約四時間）＝銀一二匁、一昼夜

（朝直し）＝七二匁だった。芸者＝男女とも同じ。仲町の一切は二時（約四時間）で迎えに来ることを言った。前述したように八つ時（午前二時くらい）に迎えをかけることを八つ迎いと言ったが、八つ時以降は迎えをかけず、翌朝までを一切とした。

櫓下（永代寺前の大通り、火の見櫓があったところで、表櫓・裏櫓・横櫓があった）。表櫓の呼出の玉代は、呼出昼夜四切、時はさみ料理付き＝二朱、昼＝一分二朱、夜＝一分、四つ泊り・昼夜朝直しとも＝二分二朱（『種くばり』）。裏櫓は、昼夜五つ切＝二分二朱、昼＝三朱、夜＝二朱、四つ泊り・一つ二時はさみ料理付き＝二朱。横櫓は、一切＝二朱。表櫓には、芸者が二二人、子どもが九六人いた。

越中島の築出新地には大新地と小新地があった。呼出の玉代は、昼夜五つ切（時はさみ料理付き）＝一二匁、昼夜朝直しとも＝七二匁、芸者は男女とも同じ。芸者が三六人以上、子どもが五六人以上いた。

また越中島の石場は、新石場と古石場があった。新石場の一切は昼夜の四等分で、一切＝二朱。昼夜・朝直しとも＝二分二朱。芸者が六人、子どもが一八人いた。

御船蔵前町の八幡宮御旅所は総伏玉で、昼夜四切＝二朱、昼夜・朝直しとも＝二分二朱。裾継の伏玉は、昼夜四つ切＝二朱。女芸者二朱迎え（以下、略）。

深川芸者3　国貞（三代豊国）『辰巳八景之内1』三枚続き　国立国会図書館ウェブサイトより

『守貞謾稿』は『辰巳の花』を引いて、深川の芸者の数と料金（玉代・揚代）を記している。

「仲町　芸者惣計七十七人、女郎六十八人。一日夜各銀三十六匁、時挟十二匁なり。時挟と云ふは二時を云ふなり。また芸者・女郎ともに同制。下これに倣ふ」

「大新地　芸者合せて二十五人、女郎二十一人、雇銭同前」

「櫓下　女郎八十八人、芸者三十一人、昼金一分二朱、夜一分、時挟二朱」

「裾継　女郎三十二人、芸者十三人」

「新石場　芸者十三人、女郎二十三人」

「古石場　芸者六人、女郎十八人」

三、天保の改革と芸者

文政末期から天保初期（1820〜30年代）にかけて天候不順が続き、凶作のため米価などの諸物価が高騰した。天保七（1836）年は特に大凶作で、飢饉のため、全国で百姓一揆や打ち毀しが起きた（「天保の大飢饉」と言われた）。天保八年、一一代将軍・徳川家斉《いえなり》が引退し、家慶《いえよし》が一二代将軍に就任する。つまり、天保初期は世情不安だったのである。

天保の大飢饉の時も、田舎から江戸へ多数の百姓の娘が遊女・芸者として売られてきた。奉行所は天保四（1833）年と九（1838）年の二回、文政七（1824）年の町触と同じ芸者に関する町触を出した。芸者が急増したためと思われる。

天保一二（1841）年閏《うるう》正月、引退後も実権を把握していた「大御所」の徳川家斉が歿する。天保一〇（1839）年に老中首座となった水野忠邦《みずのただくに》は、家斉が死亡すると、家斉の側近を追放、五月から改革に着手した（「天保の改革」という）。

現代で言えば、武士は軍人兼役人だが、経済に明るい幕閣は絶無だった。忠邦らは諸物価高騰の原因は贅沢を煽《あお》る者がいるためと考え、武士には綱紀粛正を求め、庶民の奢侈（贅沢）を禁止した。

天保の改革の一番の被害者は芝居者や寄席に出演していた女浄瑠璃などの芸能関係者である。歌舞伎が贅沢を煽っていると考えた幕府（奉行所）は歌舞伎の上演禁止を考えたが、幕閣に反対者がいたため踏み切れず、芝居町を遠方の浅草寺裏に移すなどの処分をした。歌舞伎に対する弾圧については書く紙幅がないので、関心ある方は拙著『江戸の歌舞伎スキャンダル』（朝日新書）をお読みいただきたい。

寄席に対しては、天保一二年一一月、女浄瑠璃（娘義太夫）三五名を逮捕、同じ一一月、創立の古いものから一五軒に限って寄席の興行を許可し、神道講釈・心学・軍書講談・昔咄の四芸能に限って上演を認めた。つまり、娘義太夫など「柔らかい」芸能は禁止したのである。また、役者絵・女絵などの浮世絵・絵草紙なども禁じられた。

芸者に関する町触は天保一三（1842）年正月に出された、「船宿・水茶屋・鰻屋《うなぎや》などがこのところ立派な建物に建て替え、料理を差し出し、芸者を呼び、又はいかがわしき女を抱え置きて、客と密通させている」という町触が最初とみられる（『市中取締類集』による）。

同年三月、浅草・堂前の切見世の遊女が逮捕され、続いて六月に江戸の料理茶屋・水茶屋に対して、「近頃、料理茶屋・水茶屋が酌取女・茶屋女を抱え猥《みだ》りになっている。古くから新吉

深川芸者4
三代豊国＋二代国久『江戸名所百人美女・深川八幡』国立国会図書館ウェブサイトより

原以外は遊女が置けない決まりがある。今、改革が行われ、厳しく風俗を取締っているが、八月までに商売替えをした者には特別の猶予をする。また吉原に移って商売しようと思っている者はそれを認める。料理茶屋・水茶屋に抱えられている女は規定によって吉原に下げ渡すので、吉原の遊女屋は下げ渡した遊女に既定の給金を支払うように」（現代語訳）という命令が出された（『市中取締類集』による）。

この時、幕府は「けいどう（臨検）」を行い、深川六カ所、本所三カ所のほか、根津・谷《や》中《なか》・音羽などの色町が取り潰され、吉原に移転した遊女屋は六〇軒に達した。

天保の改革は庶民にも武士にも不評で、天保一四（1843）年閏九月、一二代将軍・徳川家慶は天保の改革を推進していた老中・水野忠邦を罷免する。改革は開始から二年で早くも頓挫した。

翌天保一五（1844）年に改元され、年号は弘化となる。弘化二（1845）年正月、青山から出火し、一二三町を焼き、数百人の死者を出した。この火事で吉原も全焼。深川・本所・山の宿などに吉原の仮宅（仮営業所）が設置され、深川には約一〇〇軒が設置された。仮宅の大部分を深川が占めたのである。

期限の二五〇日を過ぎ、深川などにあった吉原の仮宅は撤去され、遊女は吉原に戻った。深川に留まった芸者もいたようだが、天保の改革で深刻な打撃を被った深川はかつての賑わいを取り戻せず衰退していく。

弘化二年八月、奉行所は町触を出したが、それに、「町芸者は隠売をしてはならぬ。また多数の芸者を抱えて営業することもならぬが、親兄弟を養うため、色なしで、芸を売ることは差支えない。ただし、それは一軒に一人に限る」（現代語訳）とある。

前述したように、文政七（1824）年六月、幕府は「一軒に一人に限って芸者を認める」という町触を出したが、同じことを再度布告したのである。

弘化は丸四年で終わり、嘉永年間に入る。

四、幕末の江戸芸者

1、幕末の深川芸者

前述したように、深川（特に仲町）の料理茶屋の顧客は諸藩の留守居役や札差が多かった。天保の改革の大きなターゲットは札差だったので、深川は特に打撃が激しかった。幕府は天保一三（1842）年八月、旗本・御家人へ「札差に対する借金は二五年年賦で返済すればよい」と布告した。つまり、旗本・御家人の札差への借金を実質的にチャラにしたのである。

天保の改革が開始される前の天保八（1837）年、金座・銀座商人、札差に対して御用金（幕府に納める金）が課せられた。また、同九年には各藩の留守居役の役替えが多数行われたという。深川の客は天保の改革の前から減少気味だったが、旗本・御家人の借金を棒引きにされたことで、深川で遊べる札差はいなくなった。天保の改革の時の深川は閑古鳥が鳴く有様だったという。

石井良助編『江戸町方の制度』によると、嘉永元（1848）年春頃から料理人の小亀（料理茶屋の経営者でもあったのだろう）が元締めとなって、深川八幡宮の前に、芸者の取締り・送迎・揚代の管理などを司《つかさど》る事務所の、検番が組織された。深川では遊女と芸者の検番が別々だった。

深川・櫓下の料理茶屋、大黒屋・中村屋などは遊客に芸者買いを勧め、少し酒を飲むと芸者はすぐ、床に突っ伏したという。酔ったふりをして遊客に床入りを促したのだが、世人は大黒屋や中村屋などの酒楼を「突っ伏し茶屋」と綽号《あだな》した。

幕府は文政七（1824）年の町触で初めて、一軒一人という条件付きで芸者を認めた（前述）。また弘化二（1845）年八月にも、「①隠売に紛らわしい行為をしなければ、②一軒に一人、芸者になることを許す」という町触を出した。親の借金を返すため、親などを養うため、芸者になった女性は多かったが、その現実を認めて、町奉行所も芸者の存在を認めたのである。

江戸の庶民はこの町触を「芸者が解禁された」と解釈し、柳橋や浅草などに芸者屋、根津や谷中に料理茶屋を造ったという。

化政期〜幕末の深川の料理茶屋では平清《ひらせい》（118頁に既出）が有名だったが、これらの有名な料理茶屋も突っ伏し茶屋に見習った。また、幕末にも深川に吉原の仮宅が設置された。

前述の大黒屋は屋内にさまざまな仕掛けがあった。二階の座敷は戸棚の奥に隠れ座敷、押し

芸者と箱屋
英信「芸者と箱屋図」
東京国立博物館蔵　https://webarchives.tnm.jp/imgsearch/show/C0042080

入れを開ければ寝所があり、床の間を押せばクルリと回転するなど、珍妙な大仕掛けがあったが、文政七年と弘化二年の町触以降、逆に親を養育している者以外の芸者を厳しく取締るようになったので、深川は衰退していったという。

ちなみに、嘉永六（１８５３）年四月の調査によると、江戸市中の芸者数は一七六人、酌人の類一一四人だった。

前述したように、文政七年五月、奉行所は五三名の芸者を検挙、翌六月に「一軒に一人に限って芸者を認める」という町触を出した。したがって、この調査でいう「芸者」はその町触の範囲内に収まっている女性という意味である。

一方、「酌人」は「酌をする掛かり」という名目で料理茶屋などが抱えた女性で、三味線を弾いて唄い・踊ることはなく、酌をするためだけに宴会に出ていた。もちろん、客に求められれば転んだ。

嘉永年間の江戸には二九〇人ほどの芸者がいた。一四年後の慶応三（1867）年（すなわち徳川幕府崩壊の前年）五月の「芸者酌人調べ」によると、江戸市中の芸者は、芝神明前辺り三二人ほど、新橋木挽町《こびきちょう》辺り六〇人ほど、日本橋・霊巌島辺り四九人ほど、芳町辺り二四人ほど、両国（向うとも）一一四人ほど（酌人・子ども二八人ほど）、神田辺り三人ほど、浅草辺り二八人ほど、猿若町辺り一〇人ほど、下谷《したや》四五人ほど、赤坂辺り二〇人ほど、三田辺り八人ほど、深川辺り一八人ほど、本郷・小石・市ヶ谷辺り一五人ほど、麹町《こうじまち》辺り一八人ほど、計四七二人ほどだった。

両国に「向うとも」とあるが、「向う」は「両国橋の東詰も含めて」の意。逆方向の、両国橋の西側は船宿の街から料亭の街になった柳橋である。前述したように、柳橋の花柳界は船宿から出発したが、幕末には江戸で一番の花柳界に成長した。続いて人数が多いのは木挽町も含む新橋である。つまり、幕末の江戸を代表する花柳界は柳橋と新橋であった。

翌慶応四（1868）年四月、倒幕軍が江戸城に入場、徳川慶喜は水戸に退去。九月に明治と改元する。改元直前の八月、芸者、踊り・音曲指南の女（＝町師匠）などの調査が行われた。それによると、芸者六〇五人、踊り・音曲指南の女九九九人、客席へ出る女芸人五八人、広場の葦簀張りの小屋などへ出る女芸人一〇九人、酌取女二三九人、茶汲み女二四五人だった。

2、柳橋芸者

没落した深川に代わって、柳橋など、下町の芸者が人気を集めるようになる。

幕末に成立した百科事典『守貞謾稿』巻之二二「娼家下」の「町芸者」の項に、「両国柳橋辺・葭《よし》（芳）町《ちょう》・甚左衛門《じんざえもん》町《ちょう》辺・堀江《ほりえ》町《ちょう》辺・京橋辺等に多し。天保前は堺《さかい》町《ちょう》・葺屋《ふきや》町《ちょう》にもこれあり。今は猿若《さるわか》町《ちょう》にこれありて、芝居茶屋に出るなり。天保後にも堺町辺に再出せしが、当時、名主熊井氏厳刻にて、この支配中にははなはだ稀なり」とある。

幕末の芸者は「柳橋辺・芳町・甚左衛門町（中央区日本橋人形町一丁目・小網《こあみ》町《ちょう》）・堀江町（同小舟《こぶな》町《ちょう》・小網町）・京橋に多かった。天保の改革の前は堺町・葺屋町にもあり、今は猿若町にもいて、芝居茶屋にも出ている。天保の改革の後は堺町の芸者は稀になってしまった」と言っている。

天保の改革の時まで、芝居町は二丁町（堺町・葺屋町）と木挽町にあった。芳町は二丁町の隣町（前述）。甚左衛門町・堀江町も芝居町の近くの町。木挽町も芝居町。要するに、幕末の芸者は芝居町近くと船宿の町・柳橋に多くなったのである。

橘《たちばな》町《ちょう》についても前述した。薬研堀は現代の中央区東日本橋二丁目である。

薬研堀の隅田川への出入口にあった橋は元々、矢之蔵橋《やのくら》と言われていた。矢之蔵は薬研堀にあった幕府の米蔵（御蔵）のこと。その矢之蔵橋の畔に柳の木があったため、矢之蔵橋を柳橋というようになる。

江戸時代初期の元和六（1620）年、幕府は、神田山（現代の御茶ノ水駅付近）を切り崩し、薬研堀・橘町・村松町《むらまつちょう》の北側に通じる人工の河川を造り、その人工の河川をのちに神田川と呼ぶようになる。神田川の上流は平川で、平川を東に直進させて、その水を両国橋の少し北側から隅田川に捌いたのである。

時代は下って、元禄一一（1698）年に神田川が隅田川へ合流する手前（両国橋の西側）に南北を繋ぐ橋が架けられた。この橋は初め、河口出口の橋と言われていたが、神田川の土手に多数の柳の木が植えられていたことから、神田川の南側の土手を柳原土手、享保年間（18世紀前半）から河口出口の橋を柳橋というようになり、前に柳橋と言われていた薬研堀入口の橋は元柳橋と呼ばれるようになる（神田川の南側の橘町・同朋町《どうぼうちょう》辺りを俗に元柳橋という）。

橘町・同朋町は、隅田川の西（両国橋の西詰）、神田川の南にあった。また、米沢町《よねざわちょう》・吉川町《よしかわちょう》（現代の東日本橋二丁目）、村松町（現代の東日本橋一丁目）も同じく、神田川の南、隅田川の西にあった。つまり、村松町・同朋町・米沢町・吉川町・橘町など（と矢之蔵、薬研堀）はすべて神田川の南、隅田川の西にあったのである。ちなみに、現代は、神田川の南は中央区、北は台東区に入る。

船宿は初め、隅田川近くの神田川の南側、すなわち橋町・同朋町などに多かった。安永年間（1772〜81年）くらいになると、橋町の芸者が知られるようになる。

『奴凧《やつこだこ》（奴師労之）』に、「弁天およ、新富などいひし、橋町に名高し」と記し、続けて『妓《げい》者呼子鳥《しやよぶこどり》』を引き、「橋町大坂屋平六といへる薬種屋の辺に芸者多し」とある。

船宿は次第に、神田川の南側の橋町・同朋町だけでなく、神田川の北側にも密集するようになり、のちに船宿の数は南北ほぼ同数になる。そして、船宿は料理茶屋に変化していき、隅田川への出口の南北の料理茶屋街を橋の名にちなんで柳橋と言うようになったのである（現代は神田川の北側は台東区になるが、柳橋という地名は台東区だけに遺る）。

つまり、神田川の南の橋町には安永期（1772〜81年）から芸者がいた。しかし、大勢ではなく、一四〜一五人に過ぎなかったようだ。ところが、天保の改革の後、柳橋の芸者は増加する。おそらく、深川の没落も関係しているのだろう。

なお、柳橋芸者は大概、神田川の南側の橋町・同朋町辺りに住んでいた。そして、船宿・料理茶屋が増加した神田川の北側にも出向いて、そこも仕事場にしたのである。

漢文戯作体の随筆『柳橋新誌《りゅうきょうしんし》』という書物がある。儒者の成島柳北《なるしまりゅうほく》が幕末〜明治の柳橋の風俗などを綴った書で、初編は安政六（1859）年から翌万延《まんえん》元年にかけて成立、明治になって書いた二編とともに明治七（1874）年に刊行された。つまり、初編で描いているのは幕末の柳橋だが、『柳橋新誌』によって幕末の柳橋を紹介したい。

安政六年の芸者数は一三〇〜一四〇人ほどだったという。

柳橋の船宿は四つに分かれており、四河岸《かし》と呼んでいた。柳橋の東から南を表町《おもてちょう》と言い、船宿は一四軒あった。柳橋の西の河岸を裏河岸と言い、六軒の船宿があった。柳橋の東南の米沢町（現代の東日本橋二丁目）を米沢の表町《おもてまち》と言い、船宿は五軒あった。南側の元柳橋の近くを米沢の裏河岸とも柳橋の河岸とも言い、八軒の船宿があった。つまり、幕末の柳橋には三三軒の船宿があった。

柳橋芸者
三代豊国＋国久『江戸名所百人美女・柳はし』
国立国会図書館ウェブサイトより

柳橋には三絃（三味線）を演奏する

芸者（大妓）と酌をするだけの御酌の二種類あった。

芸者の玉代は、昼夜八朱（二分）、辰（五つ＝朝八時くらい）から夜の子《ね》（九つ＝一二時）までの時はそれに四朱（一分）を加えた。延長する時も四朱の追加料金がかかった。御酌の玉代はその半額だった。祝儀（花代）は芸者一分、御酌二朱だった。

芸者を呼ぶには同朋町の岡崎屋か立花屋に申し込む。つまり、岡崎屋・立花屋が検番を兼ねていた。検番という名は使えなかったようで、人宿・飛脚屋と称していた。

芸者と言えば三味線が連想される。三味線は箱に入れて運んだが、吉原では三味線を運ぶ男衆を箱廻し・箱屋と言っていた。柳橋では吉原に遠慮して、継棹の三味線を使ったが、岡崎屋・立花屋の箱屋が風呂敷に継棹の三味線を包んで運んだ。なお、芸者の玉代が一分とすれば、箱屋はその中から一五〇文を受け取った。

柳橋が栄えたのは幕末以降で、柳橋芸者は芸を売っても色は売らないことを建前にしていたが、例外もあったようだ。

芸者が忙しかったのは二月・三月・五月・六月で、正月・四月・八月がそれに次いだという。逆にいうと、暇だったのは暑い七月と晩秋から年末に至る一〇～一二月だった。

芸者は大変忙しく、一人としてお茶を挽《ひ》く（客がつかず暇な）者はいなかったようだ。そのため、有名な芸者の年収は一〇〇両を超えたらしい。しかし、芸者は衣裳など、出費も多かったので、最低、年三〇両以上稼がなければやっていけなかったという。

五、幕末の町芸者の扮装

芸者にとって衣裳はなぜ大切かについては、91頁「元文期の踊子の扮装」の項に記した。元禄以前の踊子は男装していた。元禄の後、宝永期（18世紀初め）頃、踊子は男装を止め、「娘」風の着物に変わった。素人っぽさを売り物にして、振袖を着て行き、留袖（既婚女性の衣裳）に着替えて芸を行ったという（前述）。

化粧について述べれば、化政期（文化・文政期、19世紀前半）以降、深川など、町芸者（江戸芸者）の化粧は素人に近かったという。しかし、結婚する年齢に達した芸者も歯を黒くしなかったという。

『守貞謾稿』に、「天保府命（天保の改革の時に発せられた町触の）前、芝居、堺町・葺屋町・木挽町にありし時は、その辺の町芸者は俳優に倣ひて濃粧多し。頸《くび》極めて濃せり。また深川の芸者は素顔の美を自謾〔慢〕とす。もし白粉を用ふ者も極めて淡粧なり。女郎もまたこれに准ず」「今世の町芸者、一名江戸芸者と云ふ歌妓は中粧なり」「江戸芸者は吉原および駅舎・岡場所・江戸市中にある町芸者も皆白歯なり」とある。

深川芸者も素人っぽい扮装で、髪に挿す簪・笄も、吉原の遊女のように何本も挿すことはなく、一〜二本挿すだけだった。しかし、流行には敏感で、色・模様（柄）・意匠《デザイン》などの流行をすぐ取り入れた。

弘化四（1847）年刊『花散る里』に、「天保以来、深川芸者の盛大なりし頃は、仲町の芸者はいきとかはすはとか云ひて、水髪の鬢毛の乱れかゝりしも一の風俗に見なし、頭飾とても、吉原の傾城の数本の簪・数枚の櫛に反し、深川芸者は僅《わずか》に一・二本の簪に止め、衣裳も吉原の綾羅《りようら》金繍《きんしゆう》の花錦ならず、時々流行の染色文様にも新規を好み、只其行装は素人に擬し、張と意気地を専《もつぱら》にし、凡《すべ》て府下に類似の芸者・遊女も各地に数多なれども、吉原の花魁と伯仲するものは辰巳芸者を以《もつ》ていへり」とある。

深川の芸者とほかの町芸者が違ったのは、深川の芸者は足袋《たび》を履かなかったこと。もちろん、素足を見せるためで、長く引いた裾の間からチラッと素足を見せた（ただし、冬だけは履いた）。

柳橋の芸者も、薄化粧で、意気もさっぱりしていて媚《こ》びなかったようだ。換言すると、水道の水で産湯《うぶゆ》を使った江戸っ子気質ということ。つまり、深川芸者の気性に近かった。

柳橋の芸者は着物を引いて左褄《ひだりづま》で歩いた。帯は丸帯、襦袢《じゅばん》の色は白だった。ただ、半玉は着物を引かず、腹合わせの帯、襦袢の色は紅だった（『柳橋新誌』による）。

エピローグ　明治初期の国際女優

慶応四（１８６８）年四月、倒幕軍が江戸城へ入城（徳川慶喜は江戸を退去）した。徳川幕府が倒れ、権力が新政府に移ったのである（明治と改元されたのは旧暦九月）。

同じ四月、神田の結城座で女の芝居が上演された。この興行が、徳川幕府が崩壊した後の、換言すると新政府が誕生した後の、最初の女性出演の演劇とみられる。

結城座は元々、人形浄瑠璃の劇場で、歌舞伎の中村座・市村座と同じく、二丁町（堺町《さかいちょう》と葺《ふき》屋町《やちょう》、現代の中央区日本橋人形町三丁目）にあった。天保の改革の時、芝居町は浅草寺の裏（のちの猿若町《さるわかちょう》）に追いやられる。結城座も浅草寺裏に移ったが、幕府崩壊の直前、慶応二（１８６６）年に外神田への移転が許される。しかし、人形浄瑠璃の興行は行き詰まり、この頃は女性が出演する歌舞伎を上演していた。

明治の初年に歌舞伎を演じた女役者に岩井粂八《くめはち》（のちの市川九女八《くめはち》）、市川鯉昇《りしょう》・松本錦糸などがいた。市川九女八は踊りの師匠で、武家屋敷で歌舞伎を上演するお狂言師でもあったが、明治最初の女優は九女八らのお狂言師である。

しかし、明治時代に国際的に活躍した女優には、お狂言師出身者はおらず、花子・千歳米《ちとせべい》坡《は》・川上貞奴《さだやっこ》などの元芸者ばかりである。以下、明治初期の有名女優を紹介する。

市川久女八

のちの市川九女八は弘化三（1846）年、下級武士の子として、神田豊島町《としまちょう》（千代田区東神田）に生まれる。本名は守住《もりずみ》けい。幼い時、牛込赤城町《うしごめあかぎちょう》（新宿区赤城元町）に引っ越す。

赤城神社近くに住んでいたけいは毎日のように、境内に踊りの稽古場を持っていた坂東三江八の稽古を見に行っていた。三江八に勧められ、父母に内緒で、三江八の弟子になった。一二歳の時、名取になって、桂八《けいはち》という舞踊名を貰う。

父が亡くなったので、三味線が弾けた母と共同で、牛込寺町（新宿区横寺町《よこてらまち》）に三味線と踊りを教える稽古場を開いた。母が再婚したので、桂八は一六歳の頃、小石川水道町（文京区水道）に単独で踊りの稽古場を開く。

桂八を可愛《かわい》がってくれていた常磐津の地弾《じび》き（舞踊の三味線音楽演奏者）が、踊りの師匠兼お狂言師の坂東三津江を紹介してくれた。

桂八は文久元（1861）年、三津江に入門。踊りの師匠をしながら、三津江の供をして、武家屋敷に上った。お狂言師の一員になったのである。

慶応四＝明治元（1868）年、魚河岸の魚屋が発起人となり、外神田の薩摩座《さつまざ》で寄席芝居が上演される。寄席芝居は元来、「寄席で上演する芝居」の意だが、ここでは「寄席のような小劇場で上演する芝居」の意。薩摩座も元々は人形浄瑠璃の劇場で、この頃は女歌舞伎を上演していた。つまり、魚河岸の魚屋が興行師になって、小劇場で女歌舞伎を上演したのである。

寄席芝居に出演したいと思った桂八は踊りの師匠（お狂言師）である坂東三江八に相談した。三江八は「坂東流の名前の桂八で出演されては困る」と言って、二代岩井紫若《しじやく》（のちの八代半四郎）を紹介してくれた。

幕末以降再び、女性も舞台に出るようになった。しかし、新しく権力を握った明治政府の芸能・演劇に対する方針は定まっておらず、徳川幕府の方針を踏襲していた。女性は舞台に出てはいけない、という徳川幕府の方針はまだ生きていたのである。当時、坂東流は女性の舞台出演を認めていなかったが、岩井流は女性の舞台出演を認めており、何人かの女師匠が舞台に出ていた。三江八は坂東流に迷惑が掛かってはいけないと考え、すでに女の弟子の舞台出演を認めていた岩井流に桂八を紹介したのである。

桂八は紫若の弟子になり、粂八の名前を貰って、その名で舞台に出た。この興行で粂八が演じたのは『先代萩《せんだいはぎ》』の政岡と仁木《にっき》の二役。女の役と男の役の両方を演じたのである。

江戸時代の粂八は、立役では四代市川小団次、女方では三代沢村田之助に傾倒していたという。しかし、小団次・田之助は幕末と明治初年に歿し、九代市川団十郎（当時は七代河原崎権之助《かわらさきごんのすけ》）が台頭していた。

そのため粂八は、身振りも声も団十郎に似せて演じた。その団十郎ばりの演技が大変評判となり、劇作家の福地桜痴《おうち》の口利きで、団十郎門下となり、明治二一（1888）年に市川九女八の名を貰う（しかし表記は以後も、通りの良い、粂八のままだった）。こうして粂八は女団洲（団洲は団十郎の美称）と言われるようになる。

明治二七（1894）年、巡業先の新潟で、団十郎家の家の芸、歌舞伎十八番の『勧進帳』を団十郎家の了解を得ず上演したため、粂八は団十郎から破門される。

翌明治二八（1895）年一月、川上音二郎（後出）は市村座で、翻案劇を上演。粂八はこの公演に守住月華《げっか》の名で出演した。粂八は当時、狂言方（座付き作者）と結婚していたようで、守住は夫の苗字、月華は漢学者で演劇評論家の依田学海《よだがっかい》が粂八を讃《たた》えて詠んでくれた漢詩に出てくる詞から採ったようだ。つまり、市川粂八＝守住月華は貞奴《さだやっこ》より早く、広い意味の翻訳劇（翻案劇）を演じていたのである。

明治三〇（1897）年末、福地桜痴のとりなしで、粂八は団十郎門下に復帰。以降、再び粂八を名乗るようになる。

粂八は、大正二（1913）年、浅草・御園座《みそのざ》に出演したのが最後の舞台で、同年七月に歿した。

花子

欧州で活躍し、彫刻家のオーギュスト・ロダンのモデルを務めた花子は元芸者だった。

慶応四＝明治元（1868）年、尾張国（愛知県）中島郡上祖父江《かみそぶえ》村（現代の一宮市上祖父江）の大百姓・太田八右衛門・うめ夫妻の長女として生まれ、本名をひさと言った。乳母に名古屋で育てられ、四歳の時、青物商・酒井粂吉の養女になる。明治一〇（1877）年頃、借金を背負った養父の粂吉は逐電。ひさは旅廻りの女芝居・中村光吉一座の子役に雇われる。男名前だが、光吉は女性である。

明治一二（1879）年、ひさは枇杷島《びわじま》（清須《きよす》市内）の子ども芝居の一座に入り、合間に久屋《ひさや》

（名古屋市東区久屋）の学校に通う。

明治一三（1880）年頃、ひさは名古屋・大須観音近くの新地（中区大須）の芸者屋・桝屋に舞子として売られる（上方・名古屋では踊子＝芸者を舞子と言った）。明治一七（1884）年、桝屋の福松に芸を仕込まれ、一人前の芸者になる。

明治二一（1888）年頃、二〇歳年上の男性に身請けされ、静岡・大阪・京都を転々とする。明治三〇年代初め（1900年頃）にその男性と別れ、別の男性と同棲《どうせい》するが、結局、この男性とも離別する。

横浜で一人暮らしをしていたひさはベルギー・コペンハーゲンの見世物一座のダンサー募集に応募、採用されて、明治三五（1902）年五月末、神戸を出港する。

ちなみに、慶応二（1866）年以降、日本人も海外に渡航できるようになった。先陣を切って海外に渡航したのは、手品・足芸・独楽回しなど、曲芸の一座だった。

明治三七（1904）年二月、日露戦争が勃発。ひさは見世物の一座と契約して渡欧したが、その一座との契約は満了した。その後も同国のアントワープ（アントウェルペン）に留まっていたひさをドイツ人興行師が訪ねてくる。ドイツ人興行師は日本人手品師の松旭斎天一《しょうきょくさいてんいち》・天勝《てんかつ》を抱えていたが、天勝が虫垂炎になってしまったため、代わりに日本人の芸人を一人雇いたい、というのである。

ひさはドイツ人興行師と契約、ドイツのデュッセルドルフに向かった。ドイツ人興行師が途中で芸人を補充して、ひさを座頭《ざがしら》とする一六人の混成一座が成立する。一座は日本語に訳すと『武士道』という題になる芝居を上演した。浪人が廓で喧嘩《けんか》し、切腹するという単純な筋だったが、日露戦争の最中だったので、大変な人気だったという。こうして、ひさは明治三八（1905）年に女優になった。

この年、ひさたちはイギリスに渡り、手打ち興行で、地方を巡業して回る。「手打ち興行」は、興行師に雇われて舞台に立つのではなく、出演者自ら劇団を作り、その劇団が経済責任を負う興行をいう。しかし、手打ち興行は見事に失敗。ロンドンに出たひさはサヴォイ劇場に出演する。

サヴォイ劇場に出演していたひさをのちに記す川上音二郎・貞奴夫婦をプロモートした女興行師（ダンサー）ロイ・フラーが見出《みいだ》す。フラーのプロモートで、ひさを座頭とする一座が新たに結成される。ひさはこの時から「花子」を名乗る。

花子一座は明治三八年から三九年（1905～06年）にかけて、北欧三国・ドイツ・オーストリア・ベルギー・フランスで興行する。

花子たちはマルセイユで『芸者の仇討《あだうち》』とでも訳すべき芝居を上演したが、それを観《み》た彫刻家のロダンが花子の楽屋に訪れ、モデルを依頼する。翌明治四〇（1907）年、花子たちはフランス南部を巡業するが、その合間に花子はロダンのモデルを務める。

花子は明治四一（1908）年から大正五（1916）年にかけて欧州一八カ国で興行したが、ロシアには三回行ったようだ。ロシアではモスクワ芸術座の演出家、スタニスラフスキーや作家・チェーホフの夫人とも交流したという。

花子は大正五年くらいまで、欧州で活動していたようで、昭和二〇（1945）年に岐阜市で歿した。

千歳米坡

川上音二郎（のちに詳述）は明治二四（1891）年六月、東京・鳥越の中村座に出演した。これが音二郎の東京初進出である。この興行の大成功に刺激された伊井蓉峰《いいようほう》は同年一一月、浅草・吾妻座《あずまざ》（のちの宮戸座）で、元芸者の千歳米坡らと「男女合同改良演劇・済美館《せいびかん》」を旗揚げする。米坡が表舞台に出たのはこれが最初である。

明治政府は欧米のセリフ劇のような演劇を推奨した。明治政府の方針に従い、歌舞伎を「改良」した新しい演劇を作ろうと考える歌舞伎役者・興行主が現れ、官民一体の演劇改良運動が始まり、明治一九（1886）年、明治政府肝煎りの演劇改良会が発足する。この頃から急速に、女性の舞台出演・男女共演の舞台を認めようという機運も高まる。

明治二三（1890）年八月、明治政府は女性の舞台出演、男女共演の舞台を認めた。政府は「劇場取締規則」を改訂、警視総監・田中光顕《みつあき》は管内の警察に対し、「府下演劇の儀は男女俳優混合にて興行せざるは古今の風俗に有之《これあり》候処、右に関しては規則上別に制禁も無之《これなく》、欧州各国に於いては男女混合の例も有之候に付、将来混合興行の場合においては不問に付すべき筈《はず》につき、此旨心得べし」（同年八月二三日付「大和新聞」）と通達した。

現代語に訳すと「これまで男女の俳優が共演することはなかったが、幕府が禁止していたわけではなく、ヨーロッパにおいても男女共演で興行しているので、今後は男女の共演も不問に付すことにした」となる。つまり、「徳川幕府は男女の共演を禁止していたが、その根拠となる法令が見当たらないし、ヨーロッパでは男女共演が当たり前なので、これからは男女共演を認める」という無責任な方針を示したのである。

川上音二郎一座は明治三二（1899）年一〇月、アメリカ・サンフランシスコで、歌舞伎舞踊『京鹿子娘道成寺《きょうかのこ》』の抜粋である『道成寺』などを上演、貞（のちの貞奴）が主演した。

これは演劇ではないが、貞奴が不特定多数の観衆の前に立った最初である。

前述したように、米坡の初舞台は明治二四年一一月なので、女優になったのは貞奴より米坡のほうが早い。

米坡は安政二（1855）年一〇月、東京・芝で生まれた。貞奴と同じく、芳町で芸者となり、米八を名乗っていた。芸名の千歳米坡は漢学者・小説家・劇作家の依田学海が命名した。米坡はその後、寄席芝居に出演。女芝居の一座を率いて地方巡業もしたようだが、詳しい動向はわからない。

千歳米坡は大正七（1918）年の八月に歿した。

川上貞奴

のちの貞奴は明治五（1872）年、日本橋の両替商の娘として生まれ、本名を貞と言った。生家が没落し、六歳の時、東京・芳町の芸妓置屋・浜田屋亀吉の養女になる。男名前だが、亀吉は女性である。江戸時代から芸者は男の名前を名乗った（権兵衛名と言った）。

明治一八（1885）年、一三歳の時、貞は小奴を名乗り、半玉（芸者見習い）として座敷に出る。明治二〇（1887）年、一五歳の時、一人前の芸者となり、奴と名乗る。

明治七（1874）年以降、明治政府の政治に不満を抱く人々が自由民権運動を始める。その自由民権運動の活動家が宣伝手段としたのは芸能・演劇だった。

明治二四（1891）年、自由党の壮士だった川上音二郎は大阪・堺で書生芝居を旗揚げ、東京に進出し、同年六月、東京・鳥越の中村座に出演する（前述）。

明治二七（1894）年八月、日清戦争が勃発。音二郎は戦争劇を上演して大当たりする。同じ明治二七年、川上音二郎は芸者の奴と結婚する。

翌明治二八（1895）年、音二郎は歌舞伎座に出演。明治二九（1896）年七月には神田に川上座を開場するなど、破竹の勢いだった。

ところが、明治三一（1898）年、音二郎は衆議院選挙に出馬し、落選。その後、アメリカの興行師の誘いに乗って、明治三二（1899）年五月、アメリカ公演に出発、貞も同道する。音二郎は、起死回生を図るべく、アメリカの興行師の誘いに乗ったのだろう。

川上一座のアメリカにおける最初の興行地はサンフランシスコだった。ここで川上一座は『楠正成《くすのきまさしげ》』と『道成寺』を上演した。川上一座では女性の役は女方が演じ、囃子方も同道していた。つまり、『楠正成』は歌舞伎紛《まが》いの演劇で、音楽は三味線音楽だった。

『道成寺』は歌舞伎舞踊『京鹿子娘道成寺』の抜粋で、貞が主演した。この時、貞が名乗った名前が貞奴である。本名「貞」と芸者名「奴」の合成である。これが貞奴の初舞台だった。

しかし、川上をアメリカ興行に誘った興行師に出演料を持ち逃げされてしまう。川上たちはその後、シアトル・シカゴ・ボストン・ワシントン・ニューヨークなどで興行するが、その興行は在米日本人のつてなどに頼って川上が立ち上げたようだ。

シアトル以降のアメリカ各地の興行も音二郎を中心とする女方を含む座組による歌舞伎紛いの演劇（ドラマ）と貞奴の舞踊（ダンス）という組み合わせだった。

川上一座はアメリカ興行の後、イギリス・ロンドンに渡る。翌明治三三（1900）年、さらにフランス・パリへ行き、第五回万国博覧会場内の劇場で、『遠藤武者』と『芸者と武士』の二作を上演。貞奴は芸者を演じる。この興行でも貞奴の演技は大評判で、作家のアンドレ・ジードは六回も観に行き、紹介文を書いて大絶賛したとされる。

万博会場内の劇場の劇場主（興行主）はアメリカ人の女性前衛舞踏家《ダンサー》（映画『ザ・ダンサー』のモデル）のロイ・フラーだった。出し物に困っていたフラーはロンドンで貞奴の踊りを観て、川上一座をパリに招いたのである。

川上一座は明治三四（1901）年元日に帰国。一月に大阪・朝日座で「帰朝演劇」と称し、二月に東京・市村座で「革新演劇」と称して興行。この公演に貞奴は出演せず、評判は芳しいものではなかった。

そのため、川上は再度の渡欧を企て、同年四月に渡欧、イギリス・フランス・ドイツ・ロシア・イタリアなどを回った。この欧州興行もフラーの招きによって実現したのである。川上一座はこの欧州公演でも歌舞伎紛いの芸能を上演したが、各地で高い評価を受け、ロシア皇帝からはダイヤモンド入りの時計を下賜されたという。

明治三五（1902）年九月に帰国した川上一座は、翌明治三六（1903）年二月、東京・明治座で、「正劇」と称し、W・シェイクスピア作『オセロ』の翻案作を上演、貞奴はデスデモーネ役で出演した。これが貞奴の日本における初舞台である。

正劇とは「（歌舞伎とは別の）正しい演劇」の意。音二郎は欧州のどこかで『オセロ』を観て、「日本でも上演できる」と判断し、帰国後、それを翻案して上演したのだろう。要するに、欧米のセリフ劇の模倣である。

実は、シェイクスピア、イプセンなど、欧州演劇を翻案して上演することは前年の明治三五年くらいから始まっていた。川上一座もそれに倣って欧州演劇を翻案上演するようになったのである。つまり、歌舞伎とは異なる新しい演劇はこの頃に誕生した。

同じ明治三六年の六月、川上夫妻は明治座で『ハムレット』の翻案劇を上演する。欧米のセリフ劇を模倣した日本の演劇を新劇というが、明治三〇年代は新劇の黎明期で、この時期、川上夫妻と粂八の歩みが交差している。

明治四一（1908）年、貞奴は桜田本郷町《さくらだほんごうちょう》（港区新橋一丁目）に、わが国最初の女優養成所、帝国女優養成所を開く。前出の粂八は貞奴に乞われて帝国女優養成所の講師を務めた。

貞奴は、大正六（1917）年一一月、大阪・中座で引退興行を行い、昭和二一（1946）年、熱海市で歿した。

おわりに

毎年一二月になると、テレビに京都・祇園《ぎおん》の舞子が出てくる。

一つは、南座における歌舞伎の顔見世興行の観劇風景。桟敷席で、舞子・芸妓（現代は舞妓・芸妓と表記して、まいこ・げいこと訓《よ》むのが一般的のようだ）が観劇しているところを映す。

江戸の歌舞伎劇場と役者の契約は（旧暦の）一一月から翌年一〇月までの一年だった。換言すると、一一月から翌年一〇月までの一年間、同じ顔ぶれ（座組）で興行したのだが、年度の始まりの一一月に毎年、その年その劇場と契約した役者の顔ぶれを披露する興行を行った。その興行を顔見世興行と言ったのである。

顔見世興行も上方（京・大坂）で始まったが、宝暦（18世紀半ば）頃から、一二月に顔見世興行を行うようになり、寛政期（18世紀末）には廃れてしまった。

年間契約制度は江戸でも幕末に崩れてしまったが、近代以降も名前だけは残り、東京では一一月、京都では一二月に顔見世と称する興行を行っている。つまり、顔見世興行は江戸時代の興行システムの名残である。

もう一つは、毎年一二月一三日に、舞子・芸妓が日本舞踊の師匠を稽古場に訪れ、一年のお礼を言い、鏡餅を納める風景。この行事を祇園では「事始め」と言っている。

事始めは物事を始める日をいう。農村では旧暦二月八日の農事始めを事始めと言っている所が多いが、京都では「正月の準備を始める日」の一二月一三日を事始めと言っている。

旧暦一二月を「春待ち月」とも言った。「春」は正月の意。旧暦では正月から三月までが春だった。京では「正月を迎える準備」を一二月一三日から始めたわけで、暮の事始めを「正月事始め」「正月始め」「年取りの始め」とも言った。

現代の京都では、舞子・芸妓の踊りの師匠は花街によって舞踊の流派が異なるが、事始めの日に踊りの師匠を訪れて、師匠にお礼を言う。室町や西陣の旧家も、世話になった家に鏡餅を持って訪れ、一年のお礼を言う習わしになっていると聞く。

話を顔見世興行の客席風景に戻す。歌舞伎と花街、役者と芸者はコインの裏表の関係にあった。江戸でいう踊子＝芸者、上方の舞子は、江戸時代のごく初期、遊女歌舞伎に出ていた女性芸能者が変化して生まれた。現代の歌舞伎は同時代に行われていた若衆歌舞伎が変化・発展したもの。歌舞伎は花街から誕生したとも言える。京の舞子・芸妓が歌舞伎を観ることは江戸時代の早い時期から始まったが、その伝統が現代まで継承されているのである。

本文で述べたが、舞踊は英語のダンスの訳語で、英語でいうダンスを江戸では踊り、上方では舞と言った。つまり、踊りと舞、踊子と舞子は同義語である。しかし、上方の舞子は江戸時代中期以降、少し意味が変化し、江戸〜東京でいう半玉（見習い芸者）を意味するようになる（一人前の舞子は、芸子＝芸妓と呼ばれるように）。

なお、江戸時代中期以降、江戸にはお狂言師と呼ばれた女性芸能者もいた。素人に踊りを教えていた町の踊りの師匠が地方（舞踊音楽の演奏者）と一座を組み、武家屋敷に行き、奥方や姫、御殿女中たちに歌舞伎（またはその踊り）を見せたのである。その踊りの師匠たちをお狂言師と言ったのだが、武家屋敷で踊ったということでは、お狂言師たちのほうが踊子に近いのかも知れない。

江戸幕府が崩壊し、明治になると、女性は再び舞台に立てるようになり、女優と呼ばれるようになる。明治期に国際的に活躍した女優は元々、芸者をしていた人が多かった。

本書の目的は、明治の女優の前身とも言える芸者の発生と盛衰を正しく記述することである。

本稿を取り上げてくれた集英社新書編集部の伊藤直樹氏に多大な感謝を申し上げる。

参考文献

船橋秀賢著、山本武夫校訂『慶長日件録第一・第二』→『史料纂集』続群書類従完成会、一九八一年・一九九六年
『当代記』→『史籍雑纂第二』国書刊行会、一九一一年
河原崎権之助著、守随憲治校訂『舞曲扇林　戯財録　附芝居秘伝集』岩波文庫、一九四三年
浅井了意著、朝倉治彦校注『東海道名所記1・2』東洋文庫、平凡社、一九七九年
三浦浄心著、中丸和伯校注『慶長見聞集』江戸史料叢書、新人物往来社、一九六九年
津村正恭『譚海』→『日本庶民生活史料集成第八巻』三一書房、一九六九年
斎藤月岑著、金子光晴校訂『増訂　武江年表1・2』東洋文庫、平凡社、一九六八年
朝倉治彦校注『人倫訓蒙図彙』東洋文庫、平凡社、一九九〇年
高柳眞三、石井良助編『御触書寛保集成』岩波書店、一九三四年
高柳眞三、石井良助編『御触書宝暦集成』岩波書店、一九三五年
高柳眞三、石井良助編『御触書天明集成』岩波書店、一九三六年
高柳眞三、石井良助編『御触書天保集成　上・下』岩波書店、一九三七年・一九四一年
石井良助、服藤弘司編『幕末御触書集成第一巻〜第六巻』岩波書店、一九九二〜九五年
司法省大臣官房庶務課、法制史学会編、石井良助校訂『徳川禁令考　前集第一〜第六』創文社、一九五九年

司法省大臣官房庶務課、法制史学会編、石井良助校訂『徳川禁令考 後集第一〜第四』創文社、一九五九〜六〇年
司法省大臣官房庶務課、法制史学会編、石井良助校訂『徳川禁令考 別巻』創文社、一九六一年
『市中取締類集1〜21』→『大日本近世史料［6］1〜29』東京大学史料編纂所、一九五九〜六九年
近世史料研究会編『正宝事録第一巻〜第三巻』日本学術振興会、一九六四〜六六年
戸田茂睡著、鈴木淳校註・訳『紫の一本』→『新編日本古典文学全集82』小学館、二〇〇〇年
井原西鶴著、谷脇理史ほか校注『西鶴置土産』→『新日本古典文学大系77』岩波書店、一九八九年
井原西鶴著、暉峻康隆校注・訳『好色一代女』『好色一代男』→『新編日本古典文学全集66』小学館、一九九六年
戸田茂睡著、塚本学校注『御当代記―将軍綱吉の時代』東洋文庫、平凡社、一九九八年
喜田川守貞著、宇佐美英機校訂『守貞謾稿』→『近世風俗志一〜五』、岩波文庫、一九九六〜二〇〇二年
長谷川強校注『元禄世間咄風聞集』岩波文庫、一九九四年
『役者大鑑』→歌舞伎評判記研究会編『歌舞伎評判記集成第一巻』岩波書店、一九七二年
『猿源氏色芝居』→『江戸時代文芸資料第二』国書刊行会、一九一六年
初代中村仲蔵『月雪花寝物語』→『日本庶民生活史料集成第十五巻』三一書房、一九七一年
初代中村仲蔵『秀鶴随筆』→岩本活東子編『新燕石十種第八巻』中央公論社、一九八二年
三代目中村仲蔵著、郡司正勝校註『手前味噌』青蛙房、一九六九年
柴村盛方『飛鳥川』→日本随筆大成編輯部編『日本随筆大成第二期10』、吉川弘文館、一九七四年

大道寺友山著、萩原龍夫、水江漣子校注『落穂集』人物往来社、一九六七年
太宰春台『独語』→日本随筆大成編輯部編『日本随筆大成第一期17』、吉川弘文館、一九七六年
森山孝盛『賤のをだ巻』→岩本活東子編『燕石十種第一巻』中央公論社、一九七九年
菱川師宣『和国百女』→『元禄女絵づくし　和国百女』岩崎美術社、一九七九年
朝日文左衛門原著、加賀樹芝朗著『鸚鵡籠中記』雄山閣、二〇〇三年
豊島治左衛門、豊島弥右衛門撰、木村捨三註解『名物かのこ　上・中・下』近世風俗研究会、一九五九年
『江府風俗志』→『続日本随筆大成別巻8』、吉川弘文館、一九八二年
西川祐信『百人女郎品定　上・下』臨川書店、一九七九年
荻生徂来著、辻達也校注『政談』岩波文庫、一九八七年
大田南畝『半日閑話』→浜田義一郎ほか編『大田南畝全集第十一巻』岩波書店、一九八八年
森島中良『寸錦雑綴』→日本随筆大成編輯部編『日本随筆大成第一期7』、吉川弘文館、一九七五年
平賀源内著、中村幸彦校注『風流志道軒伝』→『日本古典文学大系55　風来山人集』岩波書店、一九六一年
『あづまの花軸』→『徳川文芸類聚第十二』国書刊行会、一九一四年
『真佐喜のかつら』→三田村鳶魚編『未刊随筆百種第八巻』中央公論社、一九七七年
『松平大和守日記』→芸能史研究会編『日本庶民文化史料集成第十二巻』三一書房、一九七七年
小川顕道『塵塚談』→岩本活東子編『燕石十種第一巻』中央公論社、一九七九年
『浄瑠璃稽古風流』→洒落本大成編集委員会編『洒落本大成第七巻』中央公論社、一九八〇年
『義太夫執心録』→芸能史研究会編『日本庶民文化史料集成第七巻』三一書房、一九七五年

馬場文耕『当世武野俗談』→森銑三ほか監修『燕石十種第四巻』中央公論社、一九七九年
岡田甫編『栄花遊二代男』国立国会図書館デジタルコレクション
庄司勝富『洞房語園後集』→岩本活東子編『続燕石十種第一巻』中央公論社、一九八〇年
庄司勝富『異本洞房語園』→『日本随筆大成 新装版第三期2』、吉川弘文館、一九九五年
小栗百万『屠竜工随筆』→『続日本随筆大成9』吉川弘文館、一九八〇年
村田了阿編『俚言集覧 上巻・中巻・下巻』名著刊行会、一九六五〜六六年
大田南畝『俗耳鼓吹』『奴凧』『金曾木』→浜田義一郎ほか編『大田南畝全集第十巻』岩波書店、一九八六年
斎藤月岑『百戯述略』→岩本活東子編『新燕石十種第四巻』中央公論社、一九八一年
山崎美成『三養雑記』→日本随筆大成編輯部編『日本随筆大成第二期6』、吉川弘文館、一九九四年
『蕩子筌枉解』→洒落本大成編集委員会編『洒落本大成第五巻』中央公論社、一九七九年
『辰巳之園』→洒落本大成編集委員会編『洒落本大成第四巻』中央公論社、一九七九年
森山孝盛『蜑の焼藻の記』→日本随筆大成編輯部編『日本随筆大成第二期22』、吉川弘文館、一九七四年
山東京伝『蜘蛛の糸巻』→日本随筆大成編輯部編『日本随筆大成第二期7』、吉川弘文館、一九七四年
山東京伝『指面草』→岡雅彦校訂『滑稽本集一』叢書江戸文庫19、国書刊行会、一九九〇年
『当代江戸百化物』→多治比郁夫ほか校注『新日本古典文学大系97』岩波書店、二〇〇〇年
『当世下手談義』→中野三敏校注『新日本古典文学大系81』岩波書店、一九九〇年
加藤曳尾庵『我衣』→『日本庶民生活史料集成第十五巻』三一書房、一九七一年
喜多村筠庭著、長谷川強ほか校訂『嬉遊笑覧一〜五』岩波文庫、二〇〇二〜〇九年

柏崎具元『事蹟合考』→岩本活東子編『燕石十種第二巻』中央公論社、一九七九年
『江戸鹿子』『増補江戸惣鹿子名所大全』→『江戸叢書巻之3・巻之4』名著刊行会、一九六四年
大田南畝『丙子掌記』→浜田義一郎ほか編『大田南畝全集第九巻』岩波書店、一九八七年
『富貴地座位』→中野三敏編『江戸名物評判記集成』岩波書店、一九八七年
武陽隠士著、本庄栄治郎校訂『世事見聞録』岩波文庫、一九九四年
『御定書百箇条』国立国会図書館デジタルコレクション
三浦浄心『そゞろ物語』→江戸吉原叢刊刊行会編『江戸吉原叢刊第一巻』八木書店、二〇一〇年
上野洋三校注『吉原徒然草』岩波文庫、二〇〇三年
『俗事百工起源』→三田村鳶魚編『未刊随筆百種第二巻』中央公論社、一九七六年
『享保撰要類集』野上出版、一九八五年
『続談海』→『内閣文庫所蔵史籍叢刊第45〜46巻』汲古書院、一九八五年
『後はむかし物語』→岩本活東子編『燕石十種第一巻』中央公論社、一九七九年
式亭三馬『浮世風呂』→中村通夫校注『日本古典文学大系63』岩波書店、一九五七年
三升屋二三治『紙屑籠』→岩本活東子編『続燕石十種第三巻』中央公論社、一九八〇年
『寛天見聞記』→岩本活東子編『燕石十種第五巻』中央公論社、一九八〇年
松浦静山著、中村幸彦ほか校訂『甲子夜話1〜6』平凡社・東洋文庫、一九七七〜七八年
松浦静山著、中村幸彦ほか校訂『甲子夜話続篇1〜8』平凡社・東洋文庫、一九七九〜八一年
山東京伝『仕懸文庫』→水野稔校注『新日本古典文学大系85』岩波書店、一九九〇年

『婦美車紫鹿子』→洒落本大成編集委員会編『洒落本大成第六巻』中央公論社、一九七九年
高柴三雄『種くばり』→森銑三ほか編『随筆百花苑第十二巻』中央公論社、一九八四年
『岡場遊廓考』→三田村鳶魚編『未刊随筆百種第一巻』中央公論社、一九七六年
『柳橋新誌』→日野龍夫校注『新日本古典文学大系100』岩波書店、一九八九年
『花散る里』→楠瀬恂編『随筆文学選集第八巻』書齋社、一九二七年

石井良助編『江戸町方の制度』人物往来社、一九六八年
岸井良衛『女芸者の時代』青蛙房、一九七四年
佐藤要人『江戸深川遊里志』太平書屋、一九七九年
浅野秀剛「吉原の女芸者の誕生」→佐賀朝・吉田伸之編『シリーズ遊廓社会1　三都と地方都市』吉川弘文館、二〇一三年
今戸榮一編『目で見る日本風俗誌7　遊女の世界』日本放送出版協会、一九八五年

赤坂治績（あかさか ちせき）
一九四四年山梨県生まれ。江戸文化研究家、演劇評論家。劇団前進座、「演劇界」編集部を経て独立。歌舞伎、浮世絵をはじめ江戸文化を中心に著述。『完全版　広重の富士』（集英社新書ヴィジュアル版）、『江戸の経済事件簿　地獄の沙汰も金次第』（集英社新書）、『団十郎とは何者か　歌舞伎トップブランドのひみつ』（朝日新書）、『江戸っ子と助六』（新潮新書）、『ことばの花道―暮らしの中の芸能語』（ちくま新書）、『歌舞伎ことばの辞典』（講談社）など著書多数。

江戸《えど》の芸者《げいしゃ》　近代女優《きんだいじょゆう》の原像《げんぞう》　集英社新書一一五五F

二〇二三年三月二二日　第一刷発行

著者……赤坂治績《あかさかちせき》
発行者……樋口尚也
発行所……株式会社集英社
東京都千代田区一ツ橋二-五-一〇　郵便番号一〇一-八〇五〇
電話　〇三-三二三〇-六三九一（編集部）
　　　〇三-三二三〇-六〇八〇（読者係）
　　　〇三-三二三〇-六三九三（販売部）書店専用

装幀……原　研哉
印刷所……大日本印刷株式会社　凸版印刷株式会社
製本所……加藤製本株式会社

定価はカバーに表示してあります。

ISBN 978-4-08-721255-6 C0270

a pilot of wisdom

a pilot of wisdom

集英社新書　好評既刊

西山太吉　最後の告白

西山太吉／佐高　信　1145-A

政府の機密資料「沖縄返還密約文書」をスクープした著者が、自民党の黄金時代と今の劣化の要因を語る。

武器としての国際人権　日本の貧困・報道・差別

藤田早苗　1146-B

国際的な人権基準から見ると守られていない日本の人権。それにより生じる諸問題を、実例を挙げひもとく。

「鬱屈」の時代をよむ

今野真二　1147-F

現代を生きる上で生じる不安感の正体を、一〇〇年前の文学、辞書、雑誌、詩などの言語空間から発見する。

未来倫理

戸谷洋志　1148-C

現在世代は未来世代に対しての倫理的な責任をどのように考え、実践するべきか。倫理学の各理論から考察。

ゲームが教える世界の論点

藤田直哉　1149-F

社会問題の解決策を示すようになったゲーム。大人気作品の読解から、理想的な社会のあり方を提示する。

日本酒外交　酒サムライ外交官、世界を行く

門司健次郎　1150-A

外交官だった著者は赴任先の国で、日本酒を外交の場に取り入れる。そこで見出した大きな可能性とは。

シャンソンと日本人

生明俊雄　1151-F

シャンソンの百年にわたる歴史と変遷、躍動するアーティストたちの逸話を通して日本人の音楽観に迫る。

小山田圭吾の「いじめ」はいかにつくられたか　現代の災い「インフォデミック」を考える

片岡大右　1152-B

小山田圭吾の「いじめ」事件を通して、今の情報流通様式が招く深刻な「インフォデミック」を考察する。

日本の電機産業はなぜ凋落したのか　体験的考察から見えた五つの大罪

桂　幹　1153-A

世界一の強さを誇った日本の電機産業の凋落の原因を、最盛期と凋落期を現場で見てきた著者が解き明かす。

永遠の映画大国　イタリア名画１２０年史

古賀　太　1154-F

日本でも絶大な人気を誇るイタリア映画の歴史や文化を通覧することで、豊かな文化的土壌を明らかにする。

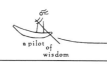